I0089052

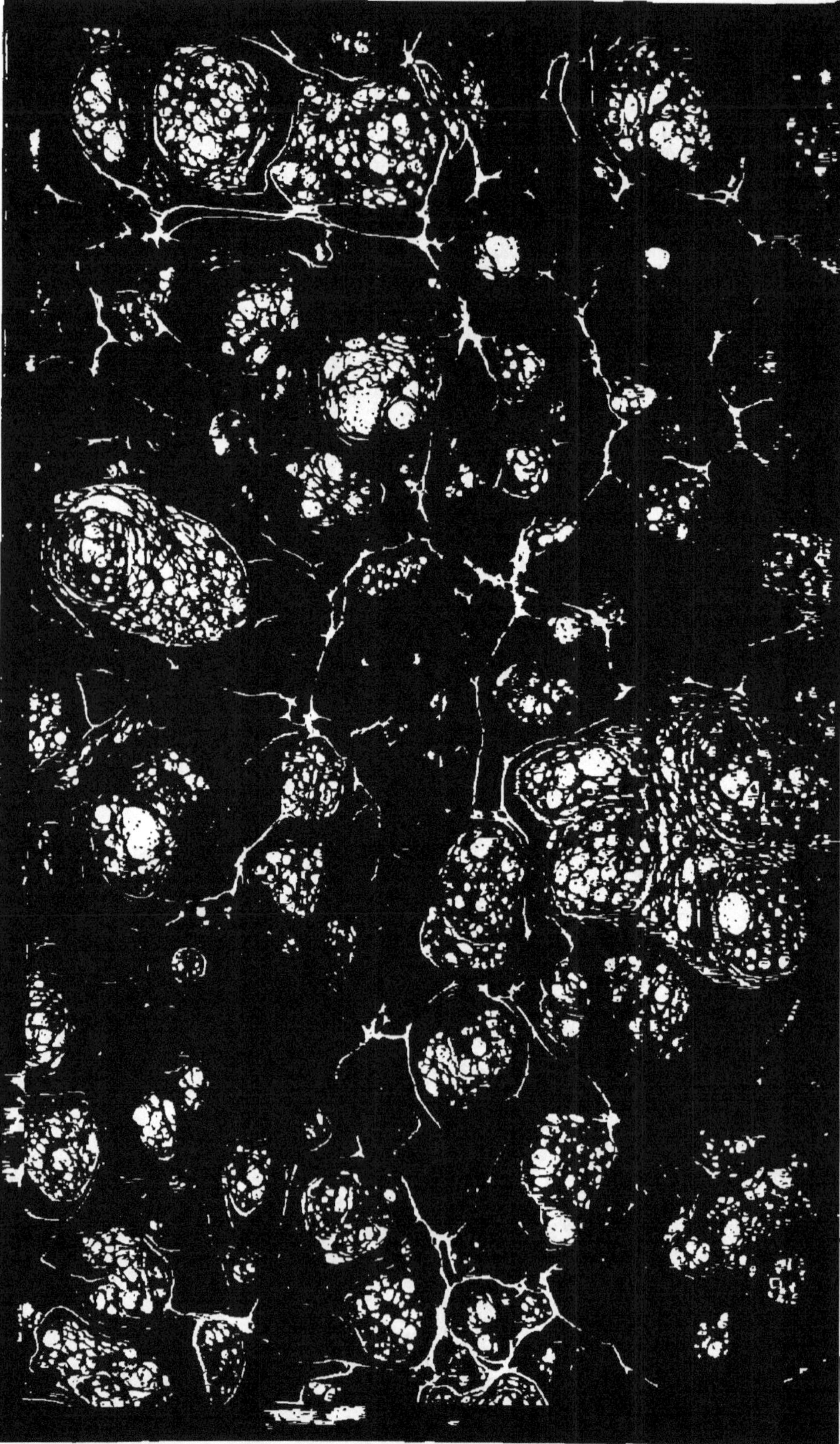

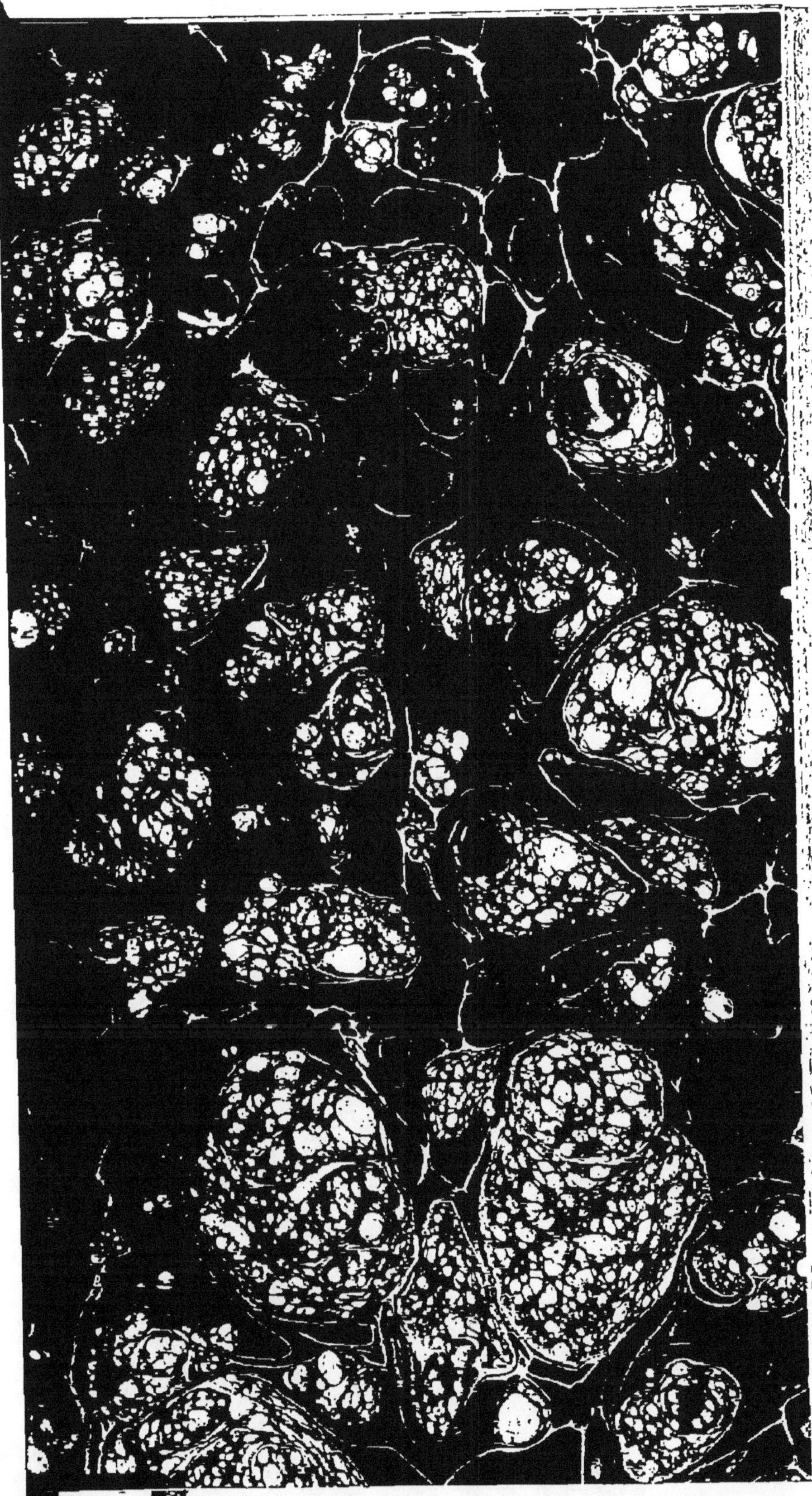

PENSÉES
DE CICÉRON.
TOME III.

PENSÉES
DE CICÉRON.

TRADUCTION NOUVELLE.

Quod enim munus reipublicæ afferre majus meliusve possumus, quàm si docemus atque erudimus juventutem? his præsertim moribus atque temporibus, quibus ita prolapsa est, ut omnium opibus refrenanda ac coërcenda sit.
Cic. de Div. II. 2.

TOME III.

A PARIS,
Chez LAMY, Libraire, Quai des Augustins.

AN X.--1802.

PENSÉES DE CICÉRON.

TRADUCTION NOUVELLE.

CHAPITRE XI.

Songe de Scipion.

LORSQUE je débarquai en Afrique, à la tête de la quatrième légion qui servoit, comme vous le savez, dans l'armée du consul Manilius, je n'eus rien de plus pressé que d'aller voir Masinissa, ce Roi de Numidie, qui avoit avec ma famille de si étroites liaisons d'amitié.

J'aborde ce vieillard vénérable, qui étend ses bras vers moi et m'embrasse les larmes aux yeux; puis, élevant ses regards vers le ciel : « Souverain Soleil, dit-il, et vous » Divinités célestes, je vous rends » graces de ce qu'avant de quitter la » vie, je vois dans mes états et dans » ma propre maison, P. C. Scipion ; » ce nom seul me comble de joie, » tant j'ai profondément gravé dans » ma mémoire le souvenir de l'excel- » lent personnage, du héros invin- » cible qui le premier l'a porté ».

Je lui fis différentes questions sur les affaires de son royaume ; il voulut aussi connoître en détail celles de la République ; et c'est dans ce mutuel et réciproque épanchement que se passa le reste de la journée. La table ayant ensuite été servie avec une magnificence royale, la conversation se prolongea et fut poussée bien avant dans la nuit. Masinissa ne parloit que du grand Scipion; il savoit non-seulement tout ce qu'il avoit fait, mais il connoissoit jusqu'à ses moindres paroles; enfin, tout le monde se retira pour se reposer, et moi, soit fatigue, à cause de la route que j'avois faite, soit parce que j'avois veillé tard, je dormis plus profondément qu'à l'ordinaire.

J'eus alors un songe; je crois que c'étoit l'effet de notre longue conversation, car nos réflexions et nos entretiens nous occasionnent souvent quelque chose de semblable à ce qui arriva à Ennius, qui en dormant, crut voir Homère, parce que ce poëte occupoit toujours sa pensée et faisoit le sujet éternel de ses conversations. J'eus, dis-je, un songe,

Scipion m'apparut sous une forme qui m'étoit plus connue d'après son portrait que d'après sa propre figure. A sa vue je frissonai : rassurez-vous, Scipion, me dit-il, cessez de craindre et retenez bien tout ce que j'ai à vous dire.

Voyez-vous, me dit-il, cette ville qui, forcée par moi d'obéir au Peuple Romain, renouvelle ses anciennes prétentions et ne peut demeurer en repos ? (Il me montroit Carthage, d'un point du ciel fort élevé, tout parsemé d'étoiles, et brillant de la plus vive clarté). A peine sorti du rang de soldat, vous venez pour la réduire. Avant qu'il soit deux ans, vous serez consul, vous la détruirez, et vous mériterez par votre courage, ce surnom d'Africain, dont vous ne jouissez aujourd'hui que comme d'une portion de mon héritage.

Après avoir ruiné Carthage, reçu les honneurs du triomphe, exercé les fonctions de la censure, visité, en qualité de commissaire du sénat, l'Egypte, la Syrie, l'Asie et la Grèce, vous serez élevé, pour la seconde fois, à la dignité de consul, sans l'avoir briguée, et par la destruction de Numance, vous mettrez fin à une guerre sanglante et cruelle.

Vous en aurez à peine triomphé que vous trouverez la République tout en feu, par les menées de mon petit fils. C'est dans ces circonstances orageuses, mon cher Scipion, qu'il faudra montrer à votre patrie tout ce que vous avez d'énergie dans le courage, de fermeté dans l'âme, de vues et de ressources dans une sagesse consommée.

Mais je vois qu'à cette époque, les destinées balanceront, pour ainsi dire, et seront incertaines sur la route qu'elles doivent suivre ; car, lorsque le cours de votre vie aura parcouru huit fois sept révolutions du soleil, et que votre dernière heure aura été signalée par le concours de ces deux nombres, dont chacun, mais par différentes raisons, est regardé comme un nombre parfait, toute la ville de Rome n'aura confiance qu'en vous, et n'invoquera que le nom de Scipion l'Africain. C'est sur vous alors, sur vous seul, que le sénat, que tous les bons citoyens, que les peuples alliés de la République, que toute l'Italie tourneront leurs regards ; vous serez l'unique appui de Rome, en un mot, vous rétablirez l'ordre dans l'état, en qualité de dictateur, pourvu que vous échappiez aux mains parricides des vôtres.

Lélius, frappé de cette étrange prédiction, poussa un cri, et le reste des auditeurs fit entendre de longs gémissemens : ne me réveillez pas, je vous prie, leur dit Scipion, avec un doux sourire, écoutez le reste..... Pour ajouter de nouveaux motifs à ceux que vous avez déjà de défendre la République, apprenez de moi, jeune Scipion, une grande vérité, c'est qu'il y a dans le ciel un lieu destiné et un bonheur éternel réservé à tous ceux qui se seront consacrés au service de leur patrie, et qui auront contribué à sa conservation, à sa défense et à son agrandissement ; car de tout ce qui se passe sur la terre, rien n'est plus agréable à la

Divinité qui gouverne cet univers, que les assemblées soumises aux lois de la sociabilité, que ces réunions d'hommes, que nous nommons des villes; ceux qui les gouvernent, comme ceux qui veillent à leur conservation, reviennent après leur mort dans ce fortuné séjour, d'où ils tirent tous leur origine.

A ces mots, quoiqu'effrayé, plus par les dangers que j'avois à craindre de la part de mes proches, que par l'idée même de la mort, je me hazardai à lui demander si lui-même Scipion, si Paulus mon père et tant d'autres, que nous croyons morts, jouissoient cependant toujours de la vie? Assurément, me dit-il, ils jouissent de la vie; et ceux-là seuls en jouissent, qui brisant les liens du corps, comme on brise les portes d'une prison, se sont envolés vers les demeures célestes. Ce que vous appelez la vie, n'est au contraire qu'une véritable mort. Mais voici votre père Paulus lui-même qui vient à vous.

A sa vue, je versai un torrent de larmes; mais lui, en m'embrassant tendrement, m'empêchoit de pleurer; dès que je pus parler: ô mon père! m'écriai-je, ô le plus vénérable et le meilleur des pères! puisque ce n'est que dans ces lieux, comme je l'apprends du grand Scipion, qu'on jouit véritablement de la vie, que fais-je sur la terre, et pourquoi ne m'empressé-je pas de vous rejoindre?

Cela ne se peut pas, me dit-il, et à moins que le Dieu, dont tout ce que vous voyez forme le temple auguste, ne vous ait débarrassé des chaînes qui vous attachent à votre corps, il ne vous est pas permis d'entrer ici. Une loi a été imposée aux hommes au moment de leur naissance, c'est qu'ils veilleroient à la conservation de ce globe que vous voyez au milieu de ce temple, et que l'on nomme la terre. Leur âme est une émanation de ces feux éternels, appelés astres et étoiles. Ces étoiles sont des corps sphériques, unis par de divines intelligences, et faisant leurs révolutions avec une incroyable vitesse; ainsi, c'est un devoir pour vous, mon cher Scipion, et pour tous les hommes religieux qui vous ressemblent, de retenir et conserver votre âme dans le corps où elle est en sentinelle, et de ne pas sortir de cette vie sans l'ordre de celui de qui vous la tenez, pour ne pas paroître abandonner la fonction auguste qu'il vous a chargé de remplir. Imitez votre ayeul, imitez-moi, mon cher fils, pratiquez la justice, aimez ceux à qui vous devez le jour, aimez vos proches, aimez par-dessus tout votre patrie. C'est en remplissant ces devoirs sacrés que vous arriverez au ciel et que vous entrerez dans cette assemblée de personnages vertueux, qui après avoir vécu sur la terre et avoir été débarrassés des chaînes qui les attachoient à des corps mortels, habitent aujourd'hui le lieu que vous voyez. Ce lieu étoit le cercle que son éclatante blancheur fait remarquer entre toutes les constellations, et que, d'après les Grecs, vous appelez *la voie lactée*.

Je contemplois de là tout ce qui compose ce vaste univers, et je n'y voyois rien que de magnifique et de merveilleux; j'y découvrois sur-tout plusieurs planettes qui ne sont pas visibles sur la terre, et toutes d'une grandeur qu'on n'eût jamais soupçonnée; la plus petite étoit celle qui se trouvant la plus voisine de la terre et dans le plus grand éloignement du ciel, brilloit d'une lumière empruntée. Les globes de ces planettes surpassent infiniment en grandeur celui de la terre. Quant à cette même terre, elle me parut si petite, que notre empire qui n'en occupe qu'un point, me fit pitié. Et comme la vue de la terre m'occupoit tout entier, jusqu'à quand, me dit le grand Scipion, aurez-vous l'esprit fixé sur cet unique objet? N'êtes-vous pas frappé de la magnificence des grandes masses qui vous environnent?

nent? Tout ce qui existe est enchaîné dans neuf cercles ou globes, dont celui qui a la plus vaste circonférence et s'éloigne le plus du centre, embrasse tous les autres, et les maintient dans le plus parfait équilibre: c'est le globe céleste; à ce globe sont attachées les étoiles fixes, qui de toute éternité éprouvent une marche égale et simultanée, et sont sujettes aux mêmes révolutions. Vous voyez plus bas sept autres globes, qui ont un mouvement rétrograde et contraire à celui du ciel. La planette appelée Saturne, est un de ces sept globes. On donne à un autre le nom de Jupiter, et celui de Mars à un troisième. Mais autant les influences du premier sont salutaires et bienfaisantes, autant les feux étincelans et menaçans du second sont funestes.

Ensuite, et presqu'au centre de l'univers, se trouve le Soleil, qui est comme le prince, le chef, le régulateur des autres planettes, c'est l'âme du monde. Il est d'une si prodigieuse grandeur, qu'il éclaire, qu'il remplit tout de sa vive lumière. A sa suite, roulent deux autres planettes, Vénus et Mercure. La Lune, qui forme le dernier globe, ne brille que de la lumière du Soleil. Au-dessous de ces neuf sphères, il ne se trouve rien que de mortel et de périssable, si ce n'est les âmes, présent inestimable que les Dieux ont daigné faire aux hommes. Tout ce qui est au-dessus de la Lune, est marqué du sceau de l'éternité ; à l'égard de la Terre, qui forme elle-même le neuvième globe, comme elle se trouve placée dans le lieu le plus bas, elle est immobile, et tous les autres corps, entraînés par leur propre poids, gravitent nécessairement sur elle.

Absorbé par la contemplation de ces merveilles, je me remis peu-à-peu; enfin, adressant la parole à Scipion : eh! quoi, lui dis-je, quel est donc ce son si éclatant et si harmonieux, dont j'ai l'oreille toute remplie? C'est, me répondit-il, le concert qui résulte du mouvement des sphères et qui se composant d'intervales inégaux, mais distingués cependant entr'eux par de justes proportions, forme un agréable mélange de sons graves et de sons aigus. Il n'est pas possible, en effet, que de si grands mouvemens s'opèrent dans le silence; et c'est uno loi de la nature, que de deux extrêmes, l'un très-élevé, l'autre très-bas, celui-ci rend un son grave, et celui-là un son aigu. C'est pour cela que l'orbe des étoiles fixes, qui est le plus élevé et dont le mouvement, par cela même, est le plus rapide, rend un son fort aigu, et que l'orbe de la Lune, placé si bas, en rend un extrêmement grave. A l'égard de la Terre, cette neuvième sphère, qui comme nous l'avons dit est immobile et fixée au lieu le plus bas, elle ne cesse d'occuper le centre de l'univers.

Ainsi, la révolution de ces huit sphères, dont deux se confondent, pour le son, en une seule, produisent sept sons différens par leurs accords, et ce nombre septenaire est, comme on le sait, le nœud de tout ce qui existe.

De savans hommes ont tâché d'imiter avec des instrumens ou des voix, cette harmonie des corps célestes, et c'est ainsi que les grands musiciens, en marchant sur les traces des hommes de génie, qui pendant leur vie mortelle ont cultivé les hautes connoissances, se sont frayé une route pour revenir en ces lieux.

Les hommes ont été assourdis par un si grand bruit; aussi de tous leurs sens, celui de l'ouïe est-il le plus foible et le plus obtus : c'est ce qui arrive aux peuples voisins des cataractes du Nil. Le bruit effroyable que fait ce fleuve en se précipitant du haut des montagnes l'a rendu totalement sourd. Or, vos oreilles ne sont pas plus capables de recevoir et de contenir, pour ainsi dire, le son de toutes les sphères qui se meuvent avec une incalculable vitesse, que vos yeux de regarder fixement le soleil et d'en soutenir l'éclat.

Quoique je fusse frappé d'admiration à la vue de si grandes choses, je détournois cependant les yeux de temps en temps et les reportois vers la Terre. Je vois bien, me dit Scipion l'Africain, que vous considérez encore cette Terre, cette habitation des hommes, mais si elle vous paroît ce qu'elle est en effet, c'est-à-dire infiniment petite, voyez avec mépris tout ce qui y tient, et ne soyez touché que des objets célestes, car enfin, à quelle renommée, à quel genre de gloire aspirez-vous ? Vous voyez par vos yeux que la terre est habitée en peu d'endroits, et même que ces endroits ne sont pas fort étendus : que ces espèces de taches, formées par des rassemblemens d'hommes, sont même coupées par de vastes solitudes ; que différentes peuplades, jettées à de grandes distances les unes des autres, ne peuvent se communiquer ni avoir de grands rapports entr'elles ; que certaines nations sont à l'égard d'autres nations, ou dans une position oblique, ou placées dos-à-dos, ou tout-à-fait Antipodes, et que, certes, votre gloire ne parviendroit pas jusqu'à ces nations. Vous remarquerez aussi que cette même Terre est entourée de certaines ceintures ou zônes, dont deux, les plus éloignées l'une de l'autre et attachées, pour ainsi dire, aux deux poles du monde, sont couvertes de frimats et de glaces ; que la plus grande, qui se trouve au milieu du globe, est brûlée par la chaleur du Soleil, qu'il n'y en a que deux que l'on puisse habiter; l'australe, où se trouvent vos Antipodes avec lesquels vous n'avez aucune communication, et la septentrionale qui est celle que vous habitez; mais voyez combien votre empire paroît peu de chose dans cette même zône septentrionale. Cet empire, très-resserré dans ses extrémités, a quelqu'étendue au milieu et forme une espèce de petite île qui est baignée par la mer que vous appellez l'Atlantique, la grande mer, l'Océan....... et dont, malgré toutes ces belles dénominations, vous appercevez toute la petitesse. Votre renommée et celle d'aucun Romain a-t-elle pu passer jamais de ces pays habités et connus, au-delà du Caucase et du Gange? Quel est l'homme, qui dans le reste de l'Orient ou aux extrêmités, soit de l'Occident, soit du Nord ou du Midi, ait entendu parler de vous? Vous comprenez actuellement que le théâtre de votre gloire se trouvant aussi resserré, aussi circonscrit, il restera bien peu de pays où elle puisse s'étendre.

Quant à ceux qui parleront de vous, combien de temps en parleront-ils? D'ailleurs, en supposant que nos enfans voulussent transmettre aux leurs les choses avantageuses qu'ils auroient entendu dire sur notre compte, seroit-il possible que notre gloire fût, non pas éternelle, mais qu'elle eût la moindre durée, vu les grands accidens occasionnés nécessairement à certaines époques, soit par le débordement des eaux, soit par les ravages du feu?

Qu'importe, au surplus, que la postérité parle de vous; nos ancêtres ont-ils pu s'en occuper? Ils l'emportent cependant par le nombre, et certes, ceux qui viendront après, n'auront jamais leurs vertus.

D'ailleurs, parmi tous ceux qui sont à portée d'entendre parler de vous, il n'en est pas un seul qui pût confier à sa mémoire, seulement les faits d'une *année*. Le peuple appelle *année*, le temps qu'un seul astre, le Soleil, emploie pour faire sa révolution. On doit au contraire appeller de ce nom l'espace de temps nécessaire (et ce temps est considérable) pour que tous les astres, revenus au point d'où ils sont partis, ramènent absolument le même aspect du ciel : c'est cette grande révolution qui complette véritablement l'année.

De vous dire combien il faut pour cela de ce que vous appellez des *siècles*, c'est ce que je n'ose prendre sur moi de déterminer. Au reste, l'époque où l'âme de Romulus revint dans ces lieux, fut marquée par une éclipse totale de Soleil. Quand donc tous les astres, quand toutes les planettes se retrouveront dans la même position, et que le Soleil lui-même, parvenu au même point, éprouvera une nouvelle éclipse, alors vous aurez une année complette. Mais apprenez qu'aujourd'hui vous n'avez pas encore atteint la vingtième partie de cette révolution.

Mais si vous désespérez de revenir dans ce lieu, où tout est préparé pour les hommes supérieurs et véritablement grands, qu'est-ce que cette gloire humaine dont la durée n'égale pas même une foible partie d'une seule année?

Si vous voulez, au contraire, porter vos regards plus haut et contempler d'un œil assuré ce séjour et cette demeure éternelle, vous ne vous arrêterez point aux discours du vulgaire : des récompenses humaines ne seront point le terme de vos espérances; il faut que la vertu vous attire par ses charmes, dans la route du devoir et de l'honneur : c'est aux autres à voir ce qu'ils diront de vous. Ils en parleront, sans doute, mais leurs discours ne franchissent pas les bornes étroites des pays que vous voyez. D'ailleurs, jamais personne n'a joui d'une réputation durable : la mort des contemporains, l'oubli de la postérité, effacent bientôt jusqu'à la moindre trace des souvenirs.

Si c'est un titre pour rentrer dans le ciel, répliquai-je à Scipion, que d'avoir bien mérité de sa patrie, quoique depuis mon enfance j'aie constamment marché sur vos traces et celles de mon père, et que je me sois rendu digne de tous les deux, la vue d'une si belle récompense va me faire redoubler d'efforts.

Vous ferez bien, reprit-il, car sachez que vous n'êtes point mortel et qu'il n'y a que votre corps qui le soit; cette figure qui frappe vos yeux n'est pas ce qui constitue votre être : c'est par l'esprit et non par le corps qu'on est soi.

Apprenez que vous êtes un Dieu, car c'est être un Dieu, que d'avoir en soi la vie, le sentiment, la mémoire, la prévoyance et le même empire sur le corps qui lui est subordonné, que celui que le Dieu suprême exerce sur l'univers. Car de même que ce Dieu éternel imprime le mouvement à cet univers corruptible à certains égards, de même l'âme qui est immortelle, l'imprime aussi au corps périssable qu'elle vivifie.

Ce qui se meut perpétuellement est éternel, au lieu que ce qui reçoit le mouvement, trouve la fin de sa vie dans la cessation de ce même mouvement, il n'y a dès-lors que l'être qui se meut par sa propre énergie, qui ne pouvant se manquer à lui-même, reste dans un perpétuel mouvement. D'ailleurs c'est lui, qui comme principe, communique le mouvement à tout ce qui en est susceptible.

Or, un principe n'a point d'origine, car il est lui-même l'origine de tout. D'ailleurs il ne peut devoir la naissance à aucune cause, autrement il ne seroit pas principe. Si donc un principe n'a point de commencement, il ne peut avoir de fin. Cependant un principe, une fois détruit, ne pourroit renaître d'un autre, en conservant la qualité de principe, ni reproduire un autre principe, car c'est le principe, qui ne pouvant recevoir l'existence, la donne nécessairement à tout.

C'est ce qui fait que le principe de mouvement se trouve dans l'être qui se meut par lui-même, principe qui ne peut ni commencer ni finir : autrement il faudroit que le ciel s'anéantît et que la nature entière s'arrêtât sans jamais pouvoir recouvrer une force qui fût capable de lui imprimer de nouveau le mouvement.

Ainsi, puisqu'il est évident que ce qui renferme en soi le mouvement, est éternel, on ne peut nier que la faculté de se mouvoir ne soit un attribut de l'âme. Tout ce qui n'est mû que par une cause étrangère n'a point d'âme, au lieu que tout ce qui en a une, éprouve une énergie intérieure qui lui est propre. Or, telle est la nature de l'âme, telle est sa force constitutive; si donc elle est, parmi tout ce qui existe, la seule substance qui trouve en elle-même le mouvement, certes, elle n'a point eu de commencement, elle n'aura jamais de fin.

Donnez-lui donc une occupation digne d'elle; qu'elle travaille à bien mériter de la patrie; rien de plus excellent. Une âme qui s'est livrée toute entière, et pour ainsi dire, façonnée à de si nobles soins, reviendra dans ce lieu, son éternelle demeure, avec plus de rapidité. Son retour ici sera même d'autant plus prompt, que pendant qu'elle aura été renfermée dans le corps, elle en sera souvent sortie, et que par la contemplation habituelle des choses célestes, elle aura eu moins de commerce avec les sens.

A l'égard des âmes qui s'abandonnant aux grossières voluptés, s'en rendent honteusement les esclaves, et qui, cédant à tous les mouvemens désordonnés qu'elles inspirent, ont violé toutes les lois divines et humaines, elles errent à leur sortie des corps, autour de la terre, et ne reviennent dans ces lieux qu'après avoir été purifiées de toutes souillures, par une punition de plusieurs siècles.

A ces mots Scipion disparut et je me réveillai.

PENSÉES DIVERSES.

§. I.

Si nous naissions avec des dispositions qui fussent telles que nous pussions connoître à fond la Nature et fournir la carrière de la vie, en nous abandonnant à cet excellent guide, nous n'aurions besoin ni de principes, ni de règles de conduite; mais la nature ne nous a donné que de foibles lueurs, que nous nous hâtons tellement d'étouffer par l'immoralité et par les préjugés, que son flambeau ne nous éclaire jamais; nous sommes nés avec le germe de toutes les vertus, et cet heureux germe nous méneroit insensiblement au bonheur si nous lui donnions le temps de croître et de se fortifier; mais dans ce malheureux siècle, à peine commençons-nous à respirer que nous nous trouvons comme investis par tant d'opinions fausses et dépravées, que nous paroissons avoir sucé l'erreur avec le lait; et en effet, dès qu'au sortir de la première enfance nous repassons entre les bras de nos parens, ils nous livrent à des maîtres étrangers. Alors nous sommes tellement remplis d'erreurs, nous recevons tant de mauvaises impressions, que le mensonge l'emporte sur la vérité, et les préjugés sur les avertissemens de la nature. Viennent ensuite les poëtes, qui à la faveur d'une grande réputation de savoir et d'instruction, se font lire, et que même on apprend par cœur, de manière qu'ils s'identifient en quelque sorte avec nos âmes; joignez-y l'école du monde, ce premier de tous les maîtres, puis l'exemple de la foule qui ne respire que le vice, nous achevons alors de nous gâter entièrement l'esprit et nous faisons un divorce eternel avec la nature et la raison.

§. II.

Que les grands soient des modèles, et la chose publique ira bien. En effet, si leurs passions et leurs vices sont capables d'infecter toute une ville, leur retenue et leur sagesse suffisent pour y rétablir une parfaite réforme. On vante une certaine reponse d'un grand de Rome, de L. Lucullus; on lui reprochoit la magnificence de sa maison de campagne de Tusculum. J'ai deux voisins, dit-il, un chevalier Romain et un affranchi, le premier placé au-dessus de moi, et l'autre au-dessous; ils ont de superbes maisons, et j'ai cru qu'étant d'un rang plus élevé que tous les deux, on pouvoit me passer ce qu'on toléroit en eux; mais ne voyez-vous pas Lucullus, que c'est vous qui avez enflammé leur cupidité, et qu'ils ont osé ce qu'ils ne se seroient pas permis, si votre exemple ne les eut autorisés? Verroit-on patiemment leurs maisons de campagne ornées de statues et de tableaux pris, les uns dans des monumens publics, les autres dans les temples même des Dieux? Qui ne réprimeroit pas de pareils désordres, si ceux qui devroient s'y opposer ne les commettoient pas les premiers? S'écarter de la règle n'est pas pour les chefs d'un état un si grand mal, (quoique pourtant ce soit véritablement un mal) que de donner un exemple pernicieux qui ne tarde pas à produire une foule d'imitateurs. Rappelez-vous le temps passé, et vous verrez que ce qu'ont été les premiers d'une ville, le reste des citoyens l'a toujours été, et que toutes les fois qu'ils ont changé de mœurs, le peuple n'a pas manqué d'en changer sur-le-champ. Cette observation est un peu plus vraie que ce que dit Platon, que la moindre innovation dans la musique en introduit une dans les mœurs de l'état. Je pense moi, qu'un état ne change de mœurs que quand ceux qui gouvernent en changent eux-mêmes. Ces derniers font donc d'autant plus de mal à l'état, que non-seulement ils contractent des vices, mais qu'ils les communiquent à tous les gouvernés : ainsi ils sont doublement nuisibles, et parce qu'ils se laissent corrompre, et parce qu'ils corrompent les autres ; leur exemple est encore plus dangereux que leurs principes.

§. III.

Platon, ce génie supérieur, ce philosophe d'un savoir consommé, pensoit que les peuples ne seroient véritablement heureux, que lorsqu'ils auroient des chefs distingués par leur sagesse, ou du moins qui en feroient leur unique étude. Cette réunion du pouvoir et de la sagesse, lui paroissoit la seule garantie du bonheur public.

§. IV.

On exige trois choses d'un sénateur :

Qu'il assiste aux assemblées, car plus elles sont nombreuses, plus les délibérations qu'on y prend ont de dignité.

Qu'il parle à son tour, c'est-à-dire quand on lui demande son avis.

Qu'il parle sur-tout avec mesure, car la précision est un grand mérite, non-seulement dans le magistrat qui opine au milieu du sénat, mais dans l'orateur qui parle en public.

§. V.

Les magistrats sont placés au-dessus du peuple, comme les lois sont placées

cées au-dessus des magistrats, et c'est avec vérité que l'on peut dire que le magistrat est une loi parlante, et la loi un magistrat muet.

§. VI.

Plus on a de probité, moins on soupçonne les autres d'en manquer.

§. VII.

Un des grands caractères que la nature ait imprimés à l'homme, c'est que la raison qui le distingue de tous les autres animaux, lui donne une idée exacte et vraie de l'ordre, de la décence et des convenances à garder dans les actions et dans les discours. Aussi est-il le seul, qui, à la première vue des objets qui frappent ses sens, ait la faculté d'en saisir sur-le-champ la beauté, l'élégance et les justes proportions, et qui, appliquant ensuite cette faculté aux opérations intellectuelles, conçoive parfaitement combien sont préférables la beauté, la constance, l'ordre dans les déterminations de l'âme et dans la suite des actions. Alors il tient une conduite qui n'a rien de honteux, rien de lâche, et on ne remarque ni dans ses sentimens, ni dans ses actions, aucune empreinte de passion.

§. VIII.

Puisque la nature se contente de peu, la profusion des mets qui couvrent nos tables entraîne une dépense superflue. La faim seule pourroit leur donner quelque prix. Darius, forcé dans sa déroute de boire d'une eau bourbeuse et infecte, avoua qu'il n'avoit jamais bu avec plus de plaisir; c'est que toujours il avoit bu sans soif. Ptolémée, de même, n'avoit jamais eu faim, en se mettant à table. Un jour, que parcourant l'Egypte, il se trouvoit séparé de sa suite, il entra dans une cabanne : il n'y avoit que du pain bis qu'on lui offrit et qu'il trouva la plus délicieuse chose qu'il eût jamais mangée.

§. IX.

Je n'ai jamais regardé comme biens véritables ou désirables, ni les trésors, ni les palais, ni les grandes terres, ni les premières places du gouvernement, ni ces voluptés qui enlacent tant de personnes, car je remarquois que ceux mêmes qui avoient ces sortes de biens à souhait, en recherchoient toujours de nouveaux, avec une activité extrême. La cupidité est une soif dévorante qu'on ne peut jamais étancher, et ceux qui sont comblés de biens, sont tourmentés non-seulement par le désir d'en acquérir de plus en plus, mais par la crainte de perdre ceux qu'ils ont. Aussi trouvé-je nos ancêtres, les hommes d'ailleurs les plus modérés qui furent jamais, trop bons d'avoir donné le nom de *biens* à ces richesses frivoles et périssables, vû sur-tout qu'au fonds et par leur conduite, ils en avoient jugé bien autrement. Ce qui est un bien, peut-il devenir un mal pour quelqu'un, et celui qui possède abondamment ce qui est bon, peut-il lui-même n'être pas bon ? Ces prétendus biens sont ordinairement le partage des gens corrompus et la perte des hommes vertueux. Qu'on me tourne en ridicule, si on veut, j'écouterai toujours beaucoup plus la droite raison, que de vains préjugés, et si quelqu'un perd ses troupeaux ou son mobilier, je ne dirai jamais qu'il perd ses biens, et ne cesserai de faire l'éloge du mot de l'un des sept sages de la Grèce, (Bias, si je ne me trompe.) L'ennemi s'étant emparé de Priène sa patrie, tous les habitans fuyoient, emportant tout ce qu'ils pouvoient, de leurs effets. Quelqu'un l'ayant exhorté à faire de même, aussi fais-je, répondit-il, *j'emporte tout avec moi*. Il ne regardoit pas comme un bien qui fut à lui, ces jouets de la fortune que nous appellons aussi des biens. Qu'est-ce donc, demandera quelqu'un, qu'on peut appeller *bien* ? Je ne regarde comme BIEN que ce qui est conforme à la justice et à l'honnêteté.

§. X.

Une blessure que Spurius Carvillius avoit reçue, en combattant pour la République, le faisoit boiter à un tel excès, qu'il avoit une sorte de honte à se montrer en public. Que ne sors-tu, mon cher Spurius, lui dit sa mère, afin que chacun de tes pas te rappelle ta bravoure ?

§. XI.

Nous lisons dans les écrits de Caton, que Publius Scipion, celui qui le premier fut surnommé l'Africain, avoit coutume de dire *que jamais il n'avoit plus d'affaires que quand il étoit sans affaires, et n'étoit moins seul que lorsqu'il étoit seul;* sentence admirable et bien digne d'un si grand guerrier et d'un homme aussi sage. Elle prouve que Scipion, dans son loisir, étoit toujours occupé et que son esprit, livré à de profondes méditations, n'avoit pas besoin de chercher des distractions dans des entretiens avec des tiers.

Ainsi, le manque d'affaires et la solitude, qui jettent le reste des hommes dans le désœuvrement et l'ennui, ne faisoient qu'ajouter à l'activité de Scipion.

§. XII.

Il faut voir d'abord ce qu'on veut être et à quel genre de vie on se destine; rien de plus difficile à cet égard que de prendre un parti. C'est au commencement de l'adolescence, c'est-à-dire dans un âge où le jugement n'est rien moins que formé, qu'on se fixe à l'état pour lequel on s'est toujours senti le plus d'attrait et de goût. Ainsi, avant d'avoir pu juger quel seroit l'état le plus convenable, on se trouve invariablement engagé dans un train de vie déterminé. Ce que Xénophon raconte de l'Hercule de Prodicus, qu'à l'âge où le poil commence à pousser au menton (c'est le temps qui nous est donné par la nature pour choisir la carrière que nous voulons parcourir), il alla dans un désert, et que s'étant assis et voyant deux routes ouvertes devant lui, la route de la volupté et la route de la vertu, il fut long-temps pensif et rêveur, ne sachant quelle étoit celle dans laquelle il devoit entrer; cela sans doute a pu arriver à un fils de Jupiter, à Hercule enfin, mais n'arrivera point à nous qui imitons ceux que nous voulons, et adoptons leurs goûts et leur manière d'être.

Or, comme ce sont les dispositions naturelles sur-tout et la fortune ensuite, qui ont la plus grande influence sur nos déterminations, il faut les consulter pour le choix d'un état, mais avoir égard singulièrement à nos dispositions, parce qu'elles ont sur nous un empire beaucoup plus décidé et qu'elles sont bien moins capables de changer.

§. XIII.

Je vois que Philippe, roi de Macédoine, a fait moins de grandes choses, et qu'il a moins acquis de gloire qu'Alexandre, mais que le père étoit par son affabilité et par son humanité bien au-dessus de son fils; le premier fut toujours grand, le second tomba souvent dans le dernier excès d'avilissement. C'est donc avec bien de la sagesse qu'on nous avertit de montrer d'autant plus de réserve et de modération, que nous sommes parvenus à un plus haut degré d'élévation.

§. XIV.

Nous devons une sorte de respect aux hommes, non-seulement à ceux en qui brillent de grandes qualités, mais à tous sans distinction. Il y a tout-à-la-fois trop d'orgueil et trop d'abandon de soi-même, à ne pas s'embarrasser de ce que le public peut penser sur notre compte.

§. XV.

Xercès, comblé de tous les dons de la fortune, Xercès qui se voyoit à la tête d'une armée formidable, qui couvroit toutes les mers de ses nombreuses flottes, et dont les trésors étoient inépuisables, n'étoit pas encore content. Il proposa un prix pour celui qui pourroit inventer une nouvelle volupté. Cette nouvelle volupté fut inventée, et Xercès n'en fut pas satisfait : c'est qu'en effet la passion est insatiable. Pour moi, je voudrois proposer un prix à celui qui pourroit découvrir de nouvelles raisons de nous convaincre de plus en plus, que pour obtenir le vrai bonheur, la vertu se suffit à elle-même.

§. XVI.

Quel est ce vain étalage que vous faites de vos richesses ? Etes-vous donc le seul homme opulent? Grands Dieux, je ne m'applaudirois pas d'avoir acquis une foule de connoissances ! Etes-vous donc le seul riche ? Mais si vous n'étiez pas riche en effet, mais si vous êtes véritablement pauvre ? car enfin, qu'entendons-nous par un homme riche, et ce mot, à qui l'appliquons-nous ? J'imagine que c'est à celui dont la fortune est telle, qu'il la regarde comme suffisante pour vivre honorablement, et qui ne cherche, ne demande, ne désire rien de plus. Ce ne sont pas les vains propos du peuple, ni même l'étendue de vos possessions qui sont que

que vous êtes riche ; c'est votre cœur seul qui décide. Si vous croyez que rien ne vous manque, si vous ne convoitez rien au-delà de ce que vous avez, si vous êtes rassasié enfin, ou du moins si vous êtes satisfait de votre fortune, je reconnois, j'avoue que vous êtes riche ; mais si toujours tourmenté du désir d'accumuler, vous ne regardez comme honteux, aucun moyen d'amasser de l'argent, lorsque pour un homme de votre rang, il n'y a pas de gain qui soit honnête, si tous les jours ce sont de nouvelles tromperies, de nouvelles escroqueries, si vous demandez bassement, si vous signez des traités frauduleux, si vous enlevez par adresse le bien d'autrui, ou si vous vous en emparez par la violence, si vous dépouillez nos alliés, si vous pillez le trésor public, si vous épiez le moment de vous faire porter sur le testament de vos amis, ou si, sans attendre l'occasion, vous en fabriquez, sont-ce-là, dites-moi, des preuves d'opulence ou de pauvreté? Ce n'est pas le coffre-fort qui fait l'homme riche, c'est le cœur : envain ce coffre-fort seroit rempli d'or, je ne vous regarderai pas comme riche tant que je vous verrai désirer quelque chose. On doit en effet mesurer les richesses sur le besoin que chacun peut en avoir. Avez-vous une fille? Il vous faut de l'argent : il vous en faut plus si vous en avez deux, et plus encore, si vous en avez un plus grand nombre. Enfin, si comme Danaüs on avoit cinquante filles, tant de dots exigeroient des sommes immenses. Car, je le répete, quand il s'agit de calculer la fortune, c'est le besoin qui doit servir de règle. Appellerai-je riche celui qui a, non pas plusieurs filles, mais une foule de passions capables de dévorer en peu de temps les plus grandes fortunes? Mais cet homme lui-même sent toute sa pauvreté.

§. XVII.

On demandoit à Thémistocle s'il marieroit sa fille à un homme pauvre, mais honnête, ou à un riche, mais peu considéré? Il répondit : « J'aime » mieux un homme et point d'argent, » que de l'argent et point d'homme.

§. XVIII.

Mettons dans cet entretien de la douceur et même des grâces, et tâchons d'imiter les véritables disciples de Socrate qui excelloient de ce côté : sur-tout point d'entêtement et que celui qui a la parole ne regarde pas le droit de parler comme un patrimoine exclusif. Qu'il souffre sans humeur que, là comme ailleurs, chacun ait la replique ; d'abord, il faut qu'il sache de quoi il doit parler. S'il entame des sujets sérieux, il dissertera avec gravité, comme il parlera avec enjouement dans les sujets badins. Sur-tout que notre conversation ne donne pas de nous une mauvaise opinion. Or, c'est ce qui ne manque jamais d'arriver lorsque nous nous permettons de maltraiter les absens, soit en versant sur eux le ridicule, soit en tenant sur leur compte des propos offensans, calomnieux, outrageans. L'on s'entretient d'ordinaire ou de ses affaires domestiques, ou des affaires publiques, ou de la littérature, ou des arts. Il faut donc, quand quelqu'un s'écarte de ces points, tâcher de l'y ramener, mais autant néanmoins que cela pourra convenir ; car les mêmes choses ne nous plaisent pas également en toutes sortes de circonstances ; il faut examiner aussi si le sujet de la conversation a de l'agrément, et se ressouvenir que, si on a eu un motif de l'entamer, il faut aussi savoir la terminer.

§. XIX.

Ce mot de Socrate, que le chemin le plus sûr et le plus court pour arriver à la gloire, est de s'étudier à devenir véritablement ce qu'on veut paroître, est plein de sens. C'est une grande erreur en effet d'imaginer qu'on puisse y arriver par la simulation et le déguisement, par des discours étudiés, par un air affecté et faux, par une vaine montre de vertus qu'on n'a pas. La vraie gloire jette des racines profondes et prend de jour en jour de nouveaux accroissemens. La fleur qui s'épanouit pour tomber aussitôt, est l'image de ce qui n'a qu'une trompeuse apparence et ne peut avoir une longue durée.

§. XX.

Un homme de l'île de Sériphe, qui avoit querelle avec Thémistocle, lui reprochoit qu'il ne s'étoit point illustré par lui-même, mais qu'il devoit toute sa réputation à sa patrie. Je conviens, lui dit Thémistocle, que si j'étois de Sériphe, je serois fort peu connu, mais c'est ce qui te seroit arrivé, même quand tu serois Athénien.

§. XXI.

C'est avec bien de la raison que Philippe, dans une lettre qu'il écrit à Alexandre son fils, lui reproche de chercher à s'attacher les Macédoniens à force d'argent. Avez-vous pu vous flatter, imprudent que vous êtes, lui dit-il, que des gens que votre or auroit corrompus, vous seroient fidèles? Votre dessein est-il que les Macédoniens vous regardent non comme leur roi, mais comme leur serviteur et leur caissier.

§. XXII.

Parmi le petit nombre de délits

que nos lois (*) ont soumis à la peine de mort, elles ont rangé celui-ci :

Chanter ou composer contre quelqu'un des vers diffamatoires et outrageans.

Loi infiniment sage ! car c'est à l'impartialité des tribunaux et des magistrats, et non à la licence des poëtes, que nous sommes comptables de nos actions. Si l'on attaque notre honneur, ce ne doit être qu'en justice réglée, et à condition qu'il nous sera permis de nous défendre et de nous justifier légalement.

§. XXIII.

Vouloir ce qui ne convient pas est

(*) Lois des douze tables.

un grand malheur, cependant c'en est un moindre de ne pas obtenir, que de solliciter.

§. XXIV.

Des auteurs dignes de foi nous apprennent que Denis, qui à l'âge de vingt-cinq ans s'étoit emparé du pouvoir suprême à Syracuse, et qui exerça pendant trente-huit ans une insuportable tyrannie, dans une ville si magnifique et si opulente, étoit de la plus grande sobriété et qu'il pouvoit d'ailleurs former de grands desseins et les mettre à fin, mais qu'il étoit d'un naturel malfaisant et très-injuste, et qu'ainsi il doit paroître souverainement malheureux à tous ceux qui jugent sainement des choses. En effet, quoiqu'il fût parvenu à la souveraine puissance qu'il avoit si fort ambitionnée, il ne s'en regardoit pas encore comme bien assuré, dans le temps même qu'il croyoit pouvoir tout faire impunément. Né de parents honnêtes et appartenant à une bonne famille, (quoiqu'il y ait pourtant certains écrivains qui pensent le contraire) il ne se fioit point à ses proches, il ne comptoit pas même sur ses amis, quoiqu'il eût avec eux de ces liaisons si connues dans la Grèce : toute sa confiance étoit dans de vils esclaves qu'il avoit tirés des maisons des riches Syracusains et auxquels il avoit ôté le nom qui marquoit leur servitude ; il se faisoit garder par des étrangers féroces et barbares ; enfin, dans la crainte de perdre son injuste domination, il s'étoit en quelque sorte emprisonné lui-même ; n'osant pas même confier sa tête à un barbier, il avoit voulu que ses filles apprissent à raser. Ainsi, ces princesses s'abaissoient par ses ordres à l'exercice d'une fonction que nous regardons comme indigne de personnes libres.

Quand elles furent grandes, il leur ôta le razoir des mains et se fit brûler par elles, la barbe et les cheveux avec des coquilles de noix enflammées.

Il avoit deux femmes, Aristomaque, née à Syracuse, et Doris, qui étoit de Locre. Il n'alloit jamais passer la nuit avec l'une ou l'autre, qu'il n'eût commencé, en passant dans leur appartement, par examiner s'il n'y avoit rien à craindre pour lui; et comme il avoit fait creuser autour de leurs chambres un large fossé sur lequel il y avoit un petit pont de bois, il ne manquoit jamais, dès qu'il étoit entré, de le lever et sur-tout de fermer lui-même la porte en dedans. Quand il vouloit parler au peuple, ce n'étoit pas dans la tribune ordinaire qu'il se plaçoit, il ne l'eût pas osé: il le haranguoit du haut d'une tour. Lorsqu'il jouoit à la paulme, qu'il aimoit beaucoup et qu'il étoit obligé de quitter ses habits, il ne remettoit jamais son épée qu'entre les mains d'un jeune homme qui étoit son favori. A cette occasion un de ses amis lui ayant dit, un jour, en riant : *voilà donc une personne que vous rendez maître de votre vie ?* Dénis s'apperçut qu'à ces mots le jeune homme avoit souri : il les fit mourir tous deux ; l'un pour avoir en quelque sorte indiqué un moyen de le tuer, l'autre parce qu'il sembloit en

avoir,

avoir, par son sourire, senti la possibilité. La mort de ce jeune homme qu'il avoit tendrement aimé, lui causa dans la suite les plus cuisans regrets, et c'est ainsi que les passions de ceux qui ne savènt pas leur résister, les déchirent en sens contraire; vous cédez à celle-ci, vous êtes la victime de celle-là.

Ce cruel tyran, au surplus, fit bien connoître l'idée qu'il avoit lui-même de son prétendu bonheur. Damoclès, un de ses flatteurs, lui faisant un jour de grands complimens sur ses immenses richesses, sur le nombre de ses troupes, sur l'étendue de son pouvoir, sur l'abondance qui régnoit autour de lui, et sur la magnificence de ses palais, prétendoit que jamais personne n'avoit été aussi heureux. Puisque mon sort te paroît si doux, lui dit-il, voudrois-tu, Damoclès, en essayer et voir par toi-même quel est, en effet, mon bonheur? Damoclès déclara qu'il ne demandoit pas mieux. Aussitôt Dénis le fait asseoir sur un lit d'or couvert de riches carreaux et d'un tapis d'un ouvrage magnifique. Les buffets sont ornés d'une superbe vaisselle d'or et d'argent. Il ordonne que de jeunes esclaves, les plus beaux qu'il eût, se tinssent autour de la table et fussent attentifs au moindre signe de Damoclès, pour exécuter ses ordres. Parfums, couronnes, cassolettes, mets exquis, tout est prodigué. Damoclès se croyoit donc le plus fortuné des hommes; mais au milieu du festin, notre bienheureux apperçoit tout-à-coup une épée nue, que Dénis avoit fait suspendre immédiatement au-dessus de sa tête et qui ne tenoit au plancher que par un crin de cheval. De ce moment ses yeux se troublent, il ne voit plus ni ces esclaves si beaux, attentifs à le servir, ni la belle vaisselle qui brilloit devant lui : ses mains n'osent plus toucher aux plats, sa couronne tombe de sa tête : il demande enfin au tyran la permission de se retirer, ne voulant plus être heureux à ce prix.

§. XXV.

Pompée avoit coutume de raconter, qu'à son retour de Syrie, il avoit passé par Rhodes et qu'il lui avoit pris envie d'entendre Posidonius, mais qu'ayant appris que ce philosophe étoit retenu dans son lit par la goute, il avoit voulu lui rendre une visite ; que l'ayant vu et l'ayant abordé, en lui disant les choses les plus honnêtes, il lui témoigna en même-temps toute la peine qu'il ressentoit de ce qu'il ne pourroit l'entendre. Vous le pourrez, reprit Posidonius, et je ne souffrirai pas, que pour une douleur corporelle, un si grand homme ait inutilement pris la peine de se rendre chez moi. Pompée ajoutoit, qu'aussitôt, cet illustre philosophe avoit discuté avec autant de sagesse que d'éloquence, cette maxime : *qu'il n'y a rien de bon que ce qui est honnête* ; et que, dans les momens où les élancemens de la goute se faisoient le plus vivement sentir, il avoit dit à plusieurs reprises : *Douleur, tu n'y gagneras rien, quoique tu sois bien poignante, je ne reconnaitrai jamais que tu sois un mal.*

§. XXVI.

Combien trouve-t-on de philosophes, dont les mœurs, dont la façon de penser et la conduite soient subordonnées à la raison ? qui fassent de leur art, non une vaine montre de savoir, mais une règle de conduite ? qui soient d'accord avec eux-mêmes, en mettant leurs propres maximes en pratique ? On en voit plusieurs d'une si grande inconséquence et si vains, qu'il leur seroit infiniment plus avantageux de n'avoir jamais rien appris ; d'autres pleins d'avidité ; ceux-ci dominés par un orgueil insupportable, ceux-là esclaves de leur passions, de manière que tous sont en contradiction avec leurs principes ; or, rien selon moi n'est plus honteux. Si un grammairien de profession parle mal, si un homme qui se prétend musicien, chante d'une manière ridicule, c'est pour tous les deux une honte d'autant plus grande, qu'ils pêchent contre un art dans lequel ils prétendent exceller. Il en est de même du philosophe : il est d'autant plus méprisable, que professant l'art de bien vivre et se présentant pour en donner des leçons, il tient une conduite désordonnée.

§. XXVII.

Catilina avoit, non pas le fonds, mais l'apparence des plus grandes qualités ; beaucoup de scélérats lui étoient dévoués entièrement, et cependant il paroissoit se livrer aux hommes les plus vertueux ; son cœur étoit le foyer des passions les plus effrénées. Quoiqu'il fut capable des plus laborieuses entreprises, il étoit tout-à-la-fois livré à la mollesse et disposé à soutenir les fatigues de la guerre. Je ne crois pas qu'il ait jamais existé un composé plus monstrueux, rempli de goûts plus opposés et de passions plus contradictoires. Quel est l'homme qui ait été tout-à-la-fois plus agréable aux personnes de mérite et plus lié avec les hommes le plus profondément corrompus. Fut-il jamais, dans certaines circonstances, un citoyen plus attaché au bon parti; et dans d'autres temps, un ennemi plus déterminé de la chose publique? Un libertin plus déhonté et un homme plus capable de soutenir toutes sortes de travaux; un avare d'une rapacité plus hideuse, et un prodigue plus effréné. Ce qu'il y eut de plus étonnant dans cet homme, c'est le talent qu'il avoit de se faire une foule d'amis, de les servir avec zèle, de les admettre au partage de tout ce qu'il avoit, de les aider en toutes rencontres de sa bourse, de son crédit, de ses peines et même de son audace et de ses crimes, s'il le croyoit nécessaire. Il savoit plier son caractère à toutes les circonstances. Sérieux avec les gens tristes, gai avec ceux qui l'étoient, grave avec les vieillards, complaisant avec les jeunes gens, il disputoit d'audace avec les plus grands scélérats, et d'immoralité avec les hommes les plus perdus de débauches; avec un caractère aussi souple, aussi versatile, il avoit trouvé l'art de s'entourer non-seulement des hommes les plus pervers et les plus audacieux, mais même d'une foule de personnages pleins de bravoure et d'honnêteté, qu'il séduisoit par les faux dehors des vertus qu'il n'avoit pas.

§. XXVIII.

Se tromper est d'un homme; s'opiniâtrer dans son erreur est d'un fou.

§. XXIX.

Qu'est-ce que la liberté? C'est le pouvoir de vivre comme on veut. Mais quel est l'homme qui vive ainsi, sinon celui qui marche dans le sentier de la justice, qui ne manque à aucun de ses devoirs, et qui s'est tracé un plan de conduite, sagement co-ordonné pour le présent et pour l'avenir; celui qui obéit aux lois, non par crainte, mais par un sentiment mêlé d'amour et de respect, parce qu'il les envisage comme la sauve-garde de l'état; celui dont les paroles, les actions et les pensées sont l'ouvrage de sa seule volonté; celui qui, dans les projets qu'il forme, dans les entreprises qu'il met à fin, ne consulte que sa propre détermination et y ramène tout; celui qui constant dans ses résolutions et dans ses vues, ne se laisse jamais influencer; celui enfin qui maîtrise la fortune elle-même, cette Divinité si puissante; car, comme un poëte très-sensé l'a dit, la fortune sait se plier au caractère de chacun de nous; l'homme sage est donc le seul qui ne se trouve jamais exposé à faire quelque chose avec répugnance, à regret et par contrainte.

§. XXX.

C'est avec bien de la raison qu'on dit d'un homme en colère qu'il ne se possède plus ; c'est-à-dire qu'il a franchi les bornes de la prudence, de la raison et du droit sens ; car c'est par là que nous possédons notre âme. Les personnes sur lesquelles l'homme en colère veut se précipiter, il faut ou les soustraire à ses regards jusqu'à ce qu'il se soit remis, (or qu'est-ce que se remettre, si ce n'est réunir en quelque sorte les différentes parties de l'âme qui se trouvent dérangées) ou le prier, le conjurer de différer sa vengeance et de laisser réfroidir sa colère. Certes ces mots, *laisser réfroidir sa colère*, montrent qu'un feu violent s'est allumé dans le cœur, au mépris de la raison.

C'est de-là qu'on loue ce mot d'Architas, qui étoit irrité contre son fermier : *Comme je te traiterois*, lui dit-il, *si je n'étois pas trop en colère.*

§. XXXI.

Un certain Hyppias étant venu à Olympie, pour assister à ces jeux solemnels qui se célébroient tous les cinq ans, se vanta, en présence de presque toute la Grèce qui y étoit rassemblée, qu'il n'existoit aucun art qu'il ne connût parfaitement, qu'il ne parloit pas seulement des arts libéraux, tels que la géométrie, la musique, la grammaire, la poësie, la morale, la physique, la politique, mais même des arts méchaniques, et que la bague qu'il avoit au doigt, que le manteau dont il étoit couvert, que la chaussure qu'il portoit, que tout

tout cela, en un mot, étoit l'ouvrage de ses mains.

§. XXXII.

Lucullus, chargé par le sénat de continuer la guerre contre Mithridate, non-seulement surpassa l'idée qu'on avoit de son mérite, mais il effaça la gloire de tous les généraux qui avant lui avoient eu la conduite de cette guerre. Cela fut d'autant plus étonnant qu'on ne comptoit pas infiniment sur les succès militaires d'un homme qui avoit consacré sa jeunesse au barreau, et qui avoit passé tout le temps de sa questure, (et ce temps fut fort long) dans cette partie de l'Asie qui jouît d'une profonde paix, tant que Muréna fut chargé de faire la guerre dans le royaume de Pont. Mais la supériorité de son génie sut se passer des leçons de l'expérience. Tandis qu'il parcouroit de vastes pays et qu'il franchissoit les mers pour arriver à sa destination, il s'occupoit, soit à s'entretenir avec les gens du métier, soit à lire de hauts faits d'armes, ensorte qu'étant parti de Rome sans avoir aucune connoissance de l'art militaire, il arriva en Asie, général consommé.

Il avoit, en effet, une mémoire incroyable pour les choses. Hortensius en avoit peut-être encore une meilleure pour retenir les mots, mais comme dans les affaires. les choses valent beaucoup mieux que les paroles, le talent de Lucullus étoit bien préférable à celui d'Hortensius.

C'étoit aussi par la mémoire que brilloit principalement Thémistocle, que je regarde comme le plus grand homme qui ait jamais existé dans la Grèce. Quelqu'un ayant offert de lui montrer l'*art de la mémoire*, art qui venoit d'être découvert, on dit qu'il lui fit réponse, qu'il aimeroit beaucoup mieux *apprendre à oublier*; sans doute parce qu'il avoit présent à la mémoire, tout ce qu'il avoit entendu, tout ce qu'il avoit vu : Lucullus, qui avoit autant d'esprit que Thémistocle, avoit de plus employé cette méthode que le général grec avoit dédaignée. Ainsi, de même que nous consignons par écrit ce que nous voulons réserver pour la postérité, de même il gravoit dans son esprit tout ce qu'il vouloit retenir.

Lucullus se montra un capitaine si expérimenté dans tous les détails de la guerre, batailles rangées, siéges de villes, combats sur mer, que Mithridate, le plus grand roi qui ait existé depuis Alexandre, avouoit qu'il l'avoit reconnu pour le plus habile de tous les guerriers dont il eût lu l'histoire.

Ce même Romain avoit d'ailleurs tant de talens, et en même-temps un esprit si droit pour tout ce qui tenoit à l'administration civile, et pour établir l'ordre et la police dans le gouvernement des villes, qu'encore aujourd'hui l'Asie n'est si florissante que parce qu'elle observe exactement et maintient dans leur intégrité les sages réglemens que Lucullus lui a donnés.

§. XXXIII.

Théophraste, au lit de la mort, reprochoit à la nature d'avoir accordé une longue vie aux cerfs et aux corneilles, auxquels cela importoit fort peu, et d'en avoir accordé une trop courte aux hommes, qui en auroient fait un si bon usage. Il disoit que si la vie eût été plus longue, on auroit pu perfectionner tous les arts, et que l'homme seroit parvenu à la plus parfaite érudition en acquérant les connoissances les plus variées dans tous les genres. Il se plaignoit donc de ce qu'au moment où l'homme commençoit à entrevoir quelques foibles lueurs, le flambeau de la vie s'éteignoit pour lui.

§. XXXIV.

On hait l'ingrat parce que tout le

monde regarde l'ingratitude comme portant préjudice à chaque individu, et l'ingrat comme l'ennemi de ceux qui ont besoin qu'on vienne à leur secours.

§. XXXV.

Depuis un an, mon fils, que vous étudiez sous Cratippe, et cela à Athênes, vous devez être rempli des préceptes de la philosophie, à cause de la grande célébrité de celui qui vous l'enseigne et de la ville où vous demeurez, celle-ci vous rappellant de grands souvenirs, et celui-là étant un homme consommé: mais mon opinion est que vous devez faire ce que j'ai toujours fait moi-même pour mon propre avantage, c'est-à-dire joindre l'étude de la langue latine à l'étude de la langue grecque, non-seulement en matière de philosophie, mais encore en matière d'éloquence, afin que vous acquerriez dans les deux genres, une égale facilité d'écrire.

Je crois avoir été, en cela, d'un grand secours à mes compatriotes, et que ceux des Romains qui savent le grec, comme ceux qui ne le savent pas, regardent mes écrits comme leur étant de quelqu'utilité, pour se perfectionner dans l'art de bien dire, comme dans celui du raisonnement.

Ainsi, mon fils, vous prendrez les leçons du grand maître sous lequel vous étudiez, et vous les prendrez aussi long-temps que vous le croirez convenable, et sans doute vous le croirez convenable tout le temps que vous estimerez devoir employer à acquérir de nouvelles connoissances. Mais lisez aussi mes ouvrages, dont les principes ne diffèrent pas beaucoup de ceux des Péripatéticiens, car nous nous donnons, Cratipe et moi, pour des disciples de Socrate et de Platon; au surplus, attachez-vous au systême qui sera le plus de votre goût : je ne le trouverai pas mauvais. Ce qu'il y a de sûr, c'est qu'en lisant mes écrits avec soin, vous acquerrez pour le latin beaucoup plus de façilité et d'abondance. N'allez pas croire qu'il y a't trop de présomption à vous parler ainsi : car quant aux connoissances philosophiques, j'avoue que beaucoup de gens vont plus loin que moi. Pour ce qui est le propre de l'orateur, c'est-à-dire pour ce qui concerne l'art de parler avec justesse, avec ordre, avec élégance, je crois pouvoir m'en attribuer la principale gloire, vu que j'en ai fait l'occupation de toute ma vie. Je vous exhorte donc, mon cher Cicéron, à lire avec le plus grand soin, non-seulement mes harangues, mais même tout ce que j'ai écrit sur la philosophie. Les différens traités que j'ai publiés ne sont guères moins considérables que mes nombreux plaidoyers. Vous trouverez dans ceux-ci beaucoup plus de force, mais il ne faut pas négliger le style qui convient aux discussions philosophiques, le style simple et tempéré.

§. XXXVI.

Quoiqu'il n'existe aucune science qui ne soit hérissée de difficultés, et que d'une part l'obscurité qui se trouve dans les choses même, et de l'autre la foiblesse de notre jugement soient telles, que les plus beaux génies de l'antiquité aient eu raison de craindre de ne pas atteindre le but qu'ils s'étoient proposé, ils ne se sont cependant pas découragés, et ils ont continué de poursuivre l'objet de leurs recherches. Nous ne nous découragerons donc pas non plus, et nous continuerons aussi les nôtres. A quoi tendent d'ailleurs nos discussions polémiques, sinon à en faire jaillir, à en exprimer pour ainsi dire quelque chose qui soit la vérité, ou qui en approche le plus. La seule différence qui existe, en effet, entre nous et ceux qui croient posséder la science, c'est qu'ils ne doutent nullement que tous les sentimens qu'ils adoptent et qu'ils soutiennent, ne soient véritables, au lieu que pour nous il y a beaucoup de choses qui ne sont que probables et qu'on peut présenter comme règles de conduite, mais non comme des vérités absolues; nous pouvons dès-lors porter un jugement, et c'est en cela-même que nous avons beaucoup plus de liberté, car nous ne sommes pas obligés de soutenir des sentimens qui nous soient prescrits en quelque sorte, et commandés par nos maîtres.

Quant à ceux dont nous venons de parler, ils se trouvent enchaînés à un parti avant d'avoir pu reconnoître quel étoit le meilleur. Voulant dans un âge incapable de discernement, plaire à un ami, ou séduits par le discours du premier homme qu'ils entendent, ils prononcent sur ce qu'ils ignorent, et poussés par une espèce de tempête vers une école quelconque, ils s'y attachent comme à un rocher inébranlable.

Si on pouvoit prononcer, quand on est tout-à-fait novice et incapable, je les louerois de ce qu'ils disent qu'ils mettent leur confiance dans celui qu'ils regardent comme savant : car pour juger si un homme est savant, il faut l'être soi-même beaucoup; mais, en supposant qu'ils l'aient pu, ils n'ont dû le faire qu'après avoir tout entendu et avoir approfondi les systêmes de tous les autres philosophes. Ils ont donc jugé après n'avoir entendu, pour ainsi dire, qu'une partie, et ils se sont soumis à l'autorité d'un seul homme. Il arrive, par je ne sais quelle fatalité, que la plupart des hommes aiment mieux se tromper et combattre opiniâtrement pour une opinion de leur goût, que chercher sans entêtement la vérité, qui seule mérite d'être constamment défendue.

§. XXXVII.

Philosophie, ô vous! qui êtes le flambeau de la vie, qui conseillez la vertu et combattez le vice, que serois-je sans vous, que seroient tous les hommes, si vous ne les eussiez éclairés et soutenus? C'est vous seule qui avez bâti les villes, qui avez réuni les hommes qui vivoient isolés, qui les avez rapprochés par les habitations, par les mariages, par l'usage d'une même langue et d'une même écriture ; c'est vous qui avez dicté les lois, adouci les mœurs, établi l'ordre ; vous êtes notre refuge, c'est de vous que nous attendons toute sorte de secours ; nous nous sommes déjà livrés à vous presque tout entiers : aujourd'hui vous nous posséderez sans réserve. Un seul jour passé sagement et d'après vos préceptes, est préférable à une immortalité coupable !

NOTES.

CHAPITRE XI.

Songe de Scipion.

PAGE 1, *Masinissa......* Masinissa, roi de Numidie, dont il est parlé ci-dessus. (*D'Olivet.*)

Page 4, *Scipion m'apparut sous une forme....* Scipion Emilien étoit né, à ce que prétend Sigonius, la même année que le premier Scipion mourut; ainsi il ne l'avoit pas connu, et s'il avoit quelqu'idée de sa figure, ce ne pouvoit être que d'après son portrait.

Page 4, *Voyez-vous, me dit-il, cette ville.....* Publius Cornélius Scipion auquel Scipion l'Africain adresse ici la parole, est connu dans l'histoire sous la dénomination de *second Africain*, parce que son ayeul adoptif, qui avoit vaincu Annibal, avoit été honoré avant lui de ce glorieux surnom, ou de *Scipion Emilien*, parce qu'il étoit fils du célèbre Paul Emile et qu'il avoit été adopté par le fils du premier Scipion.

Le second Africain avoit comme son ayeul un ami intime, appellé Lélius; ce Lélius, second du nom, surnommé le sage, étoit fils du premier Lélius. Il fut le compagnon de tous les exploits militaires de Scipion Emilien, comme son père avoit partagé ceux du premier Scipion; il parvint aussi comme son père aux honneurs du consulat et s'illustra ainsi que lui par des actes héroïques de courage et de dévouement pour le service de sa patrie.

Page 5, *vous serez élevé pour la seconde fois à la dignité de consul sans l'avoir briguée*..... Il y a dans le texte: *Deligere iterum consul absens*. Mais l'autorité de Valère Maxime, VIII, 15, ne permet pas de prendre littéralement ce mot *absens*. Il signifie, non pas que Scipion fut absent de Rome le jour que les consuls devoient être élus, mais que ne s'étant point montré dans le champ de Mars en robe blanche, selon l'usage de ceux qui briguoient le consulat, c'étoit la même chose que s'il avoit été absent. (*D'Olivet.*)

Page 5, *vous trouverez la République tout en feu par les menées de mon petit fils...* Il parle de Tiberius Gracchus, qui, étant tribun, excita le peuple à se révolter contre le sénat. Sa mère étoit fille de Scipion l'ancien. C'étoit l'illustre Cornélie, qui fut l'ornement de son siècle par son esprit, et la gloire de son sexe par la vertu. (*D'Olivet.*)

Page 6, *lorsque le cours de votre vie aura parcouru huit fois sept révolutions du Soleil, c'est-à-dire lorsque vous aurez atteint votre cinquante-sixième année....* Il mourut effectivement à cet âge-là, ayant été, à ce qu'on croit, empoisonné par sa femme, qui étoit sœur de ce Tibérius Gracchus. (*D'Olivet.*)

Page 6, *mais par différentes raisons.....* Quelles sont ces raisons ? Si ce sont celles que rapporte Macrobe dans son commentaire sur le songe de Scipion, ne les regardons que comme des imaginations creuses, qui ne pouvant nous être d'aucune utilité, ne méritent pas que l'on daigne s'en instruire, le temps est trop cher. (*D'Olivet.*)

Page 9, *mais voici votre père Paulus lui-même qui vient à vous.....* Paul Emile, surnommé le *Macédonique*, pour avoir vaincu Persée, roi de Macédoine, et fait de son royaume une province du Peuple Romain. (*D'Olivet.*)

Page 11, *la voie lactée......* On dit en françois *la voie lactée*, et populairement *le chemin de Saint-Jacques*. C'est un amas d'étoiles, qui par leur proximité et par leur arrangement, tracent dans le ciel une espèce de chemin. Voyez sur ce sujet les diverses opinions des anciens, dans l'ouvrage attribué à Plutarque, *de Plac. Philos. III*, 1. (*D'Olivet.*)

Page 12, *j'y découvrois surtout plusieurs planètes qui ne sont pas visibles sur la terre*...Il y a des étoiles si éloignées de nous, que nous ne saurions les voir. C'est ce que prouve l'invention moderne du télescope, à l'aide duquel on a découvert beaucoup d'étoiles, qui n'étoient pas connues des anciens. (*D'Olivet.*)

Page 12, *les globes de ces planètes surpassent infiniment en grandeur celui de la terre*..... On ne sauroit dire précisément de quelle grandeur est une étoile. Pour en juger par les règles de l'optique, il faudroit savoir juste à quelle distance est de la terre l'étoile qu'on veut mesurer. Le savant M. Huygens, dans son *cosmothéoros*, prétend qu'un boulet de canon emploieroit près de 70,000 ans pour parvenir jusqu'aux étoiles fixes; et il suppose que ce boulet, allant toujours de la même vitesse, parcourt environ cent toises en une seconde. Ainsi c'est trois mille six cents toises par minute. L'imagination se perd dans ce calcul. (*D'Olivet.*)

Page 13, *tout ce qui existe est enchaîné*

dans neuf sphères ou globes..... Pour tout commentaire, il ne faut qu'avoir ici une sphère devant les yeux. (*D'Olivet.*)

Page 14, *tout ce qui est au-dessus de la Lune.....* On peut conclure de là, que Cicéron n'étoit pas pour la pluralité des mondes peuplés; car, s'il n'y a point de corruption au-dessus de la lune, il n'y a donc point de génération, et parconséquent point d'animaux. A l'égard de la Lune, beaucoup d'anciens la croyoient habitée comme la terre. *Voyez Acad. II*, 39. (*D'Olivet.*)

Page 15, *c'est le concert qui résulte du mouvement des sphères et qui se composant d'intervalles inégaux.....* M. d'Olivet a déclaré qu'il devoit cette remarque et la suivante, à M. Burette, qu'il avoit consulté sur cette matière, comme celui de tous les savans qui connoissoit le mieux la musique des anciens.

« Cicéron, conformément au système » imaginaire de Pythagore, compare ici » les mouvemens des sept planètes, et de

» l'orbe des étoiles fixes, (ce qui remplit » le nombre huit) aux vibrations ou ébran- » lements des huit cordes qui composoient » l'ancien instrument appellé *Octacorde*, » formé de deux *Tétracordes* disjoints, ou » de huit cordes en tout, qui dans le genre » diatonique, rendoient ces huit sons de » notre musique : *mi*, *fa*, *sol*, *la*, *si*, *ut*, » *ré*, *mi*; ensorte que la Lune, la plus basse » des planètes, répond au *mi*, le plus grave » des huit sons; Mercure, au *fa*; Vénus, » au *sol*; le Soleil, au *la*; Mars, au *si*; » Jupiter, à l'*ut*; Saturne, au *ré*; et l'orbe » des étoiles, qui est le plus élevé de tous, » au *mi*, le son le plus aigu et faisant l'oc- » tave avec le plus grave. Ces huit sons, » comme l'on voit, sont séparés de huit » intervalles, suivant certaines proportions : » de manière que du *mi* au *fa* se trouve la » distance d'un demi-ton; du *mi* au *sol*, » celle d'une tierce mineure; du *mi* au *la*, » celle d'une quarte; du *mi* au *si*, celle » d'une quinte; du *mi* à l'*ut*, celle d'une

» sixte mineure ; et du *mi* au *ré*, celle d'une » septième mineure; lesquels, avec l'octave, » font en tout sept accords ».

Page 16, *ainsi la révolution de ces huit sphères.....* « Cicéron dit : *Illi autem octo* » *cursus, in quibus eadem vis est duorum,* » *etc.....* Sur quoi nous remarquerons, que » ces deux mots, *eadem vis*, pourroient, » à la rigueur, se prendre en deux sens diffé- » rens, ou pour les révolutions de deux » astres si peu inégales entr'elles, qu'elles » pussent repondre aux vibrations de deux » cordes de l'octacorde montées à l'unisson ; » ou pour les révolutions de deux astres, » dont l'une fût une fois plus rapide que » l'autre, et qui par là répondissent aux » vibrations des deux cordes extrêmes de » l'octacorde, c'est-à-dire, des deux *mi*, qui » sont à l'octave l'un de l'autre. C'est dans » ce dernier sens qu'on doit prendre l'*eadem* » *est vis duorum* du passage latin, tel qu'il » se lit dans l'édition de Grœvius, en cela » conforme à plusieurs manuscrits : auquel

» cas, tous les accords principaux se trou-
» vent employés dans la comparaison. Au
» lieu que si l'on ajoute *Mercurii et Veneris*
» à l'*eadem vis est duorum*, comme on le
» voit dans quelques éditions, appuyées
» aussi de l'autorité de quelques manuscrits,
» il faudra y donner le premier sens et faire
» disparoître l'octave pour y substituer
» l'unisson, qui n'est point un accord. En
» effet, l'orbe des étoiles ne sera plus alors
» à l'octave de l'orbe de la Lune; mais il
» n'en sera qu'à la septième, puisque Mer-
» cure et Vénus étant presqu'à l'unisson, à
» cause du peu d'inégalité qui se trouve dans
» leurs révolutions, disent quelques inter-
» prètes, ils ne seront l'un et l'autre qu'en-
» viron à un demi-ton de la Lune; et par-
» conséquent le systême des astres répon-
» dra, non à l'*Octacorde*, mais seulement
» à l'*Heptacorde*, ou instrument à sept
» cordes, composé de six accords ou inter-
» valles, et destitué totalement de l'octave,
» qui est pourtant l'une des consonances

» principales, et comme le complément du » systême harmonique. Ce qui fait con- » jecturer à quelques-uns, que ces mots » *Mercurii et Veneris*, pourroient bien » n'être qu'une glose, écrite d'abord à la » marge du manuscrit, d'où elle auroit » ensuite passé dans le texte ».

Page 17, *c'est ainsi que les grands musiciens*..... Amphion, Linus, Orphée, etc. (*D'Olivet.*)

Page 19, *vous remarquerez aussi que cette même terre est entourée de certaines ceintures ou zônes*.... Virgile, *Géorg.* I, 233; Ovide, *Métam.* I, 49; Pline, II, 69; tous les anciens en un mot, étoient persuadés, que des cinq zônes, il n'y en avoit que deux d'habitées et même d'habitables. Leur ignorance à cet égard cessera de nous étonner, si nous considérons qu'aujourd'hui encore, malgré le secours du commerce et de la navigation, nous ne connoissons pas, à beaucoup près, tous ce qu'il y a de pays habités. Ces sortes de découvertes sont

l'ouvrage

l'ouvrage, non de l'esprit humain, mais du temps et du hasard. (*D'Olivet.*) *Voyez premier volume, pages* 114 *et suivantes.*

Page 20, *au-delà du Caucase, etc.....* Le *Caucase*, montagne de la Colchide, vers l'embouchure du Phase.

Le *Gange*, fleuve de l'Inde. (*D'Olivet.*)

Page 23, *mais apprenez qu'aujourd'hui vous n'avez pas encore atteint la vingtième partie de cette révolution.* En supposant que l'époque de ce songe est l'année du consulat de Manilius, et que Romulus, selon le P. Pétau, mourut l'an de Rome 38, on trouve 568 ans, et puisque cet espace de temps ne faisoit pas encore la vingtième partie d'une grande année, cela justifie ce que l'on rapporte de Cicéron, dans le dialogue *de causis corr. éloq. cap.* 16, que selon lui cette grande année n'arrive qu'au bout de 12,854 ans. (*D'Olivet.*)

PENSÉES DIVERSES.

Page 30, *si nous naissions avec des dispositions qui fussent telles que nous pussions connoître à fond la nature, etc.* Cicéron entend par ces mots, *la nature.....* les lumières pures de la raison et d'un sens droit, dégagé de toute prévention, c'est-à-dire les besoins que l'homme éprouve en tout genre, et les ressources qu'il trouve en lui-même.

Même page, *nous n'aurions besoin ni de principes ni de règles de conduite. . . . .* Pourquoi ? Parce que n'étant ni aveuglés ni emportés par tous les mouvemens désordonnés qui nous agitent sans cesse et qui nous font méconnoître la voix de la raison, nous trouverions au dedans de nous-mêmes et ne serions point obligés de chercher ailleurs ces principes et ces règles de conduite qui sont donnés à l'homme pour le mener à la vérité.

Page 32, *que les grands soient des modèles et la chose publique ira bien....* Ceux que leur naissance, leurs dignités ou même leurs richesses élèvent au-dessus de la foule, sont nécessairement exposés aux regards de tous : ainsi tous ont les yeux sur eux, tous les examinent, et outre que presque tous sont corrompus et font sans réflexion ce qu'ils voyent faire à ceux qui leur en imposent, les exemples des grands sont pernicieux à l'état, comme l'observe Cicéron, parce que non-seulement ils ont des vices, mais parce qu'ils les communiquent, et qu'ainsi leur exemple est encore plus dangereux que leurs principes.

Lucullus, dont il est parlé dans le même paragraphe, avoit été un très-grand général et avoit rendu de signalés services à la République romaine. Vainqueur de Mithridate et de Tigrane, il obtint les honneurs du triomphe. Il vécut ensuite avec splendeur dans le sein de sa patrie, fut le protecteur déclaré de tous les gens de lettres, et le premier qui établit à Rome une célèbre bibliothèque qu'il rendit publique.

Les richesses immenses qu'il avoit rapportées de l'Asie, produisirent le double mal de le corrompre et de corrompre aussi ses compatriotes. Le faste qu'il déploya acheva de ruiner les mœurs publiques, et c'est de ce moment que certains grands de Rome ne gardèrent plus de mesure dans les moyens d'amasser des trésors, de s'en servir pour corrompre l'esprit public, et d'allumer dans toutes les classes des citoyens, une cupidité effrénée qui ne tarda pas à produire l'oubli des devoirs et l'extinction totale de l'amour de la patrie.

Page 47, *Xercès*.... Roi de Perse.

Page 51, *Thémistocle*.... Fameux général Athénien.

Page 53, *ce mot de Socrate*.... Voir la note générale à la fin du second volume.

Page 54, *l'Isle de Sériphe*.... Est dans l'Archipel.

Page 57, *Denis*, Tyran de Syracuse en Sicile, mourut à 63 ans, après avoir exercé toutes sortes de violences, et eut pour successeur Denis second, ou le jeune. Ce dernier fut chassé deux fois de Syracuse et obligé de se retirer à Corinthe où l'on dit qu'étant réduit à une misère extrême, il fut contraint pour subsister de tenir une école d'enfans; mais ce dernier fait est contredit par d'habiles critiques. Ce qui est constant, c'est qu'il fut dépouillé du pouvoir suprême, dont il abusoit étrangement et qu'il se retira dans la Grèce où il mourut pauvre et souverainement méprisé.

Page 66, *Catilina avoit, non pas le fond, mais l'apparence des plus grandes qualités.....* Pour connoître Catilina tout entier, il faut joindre à la lecture de ce paragraphe, celle d'une note fort détaillée qu'on trouvera p. 163 du prem. volume.

Page 72, *un certain Hyppias étant venu à Olympie, pour assister à ces jeux solemnels qui se célébroient tous les cinq ans, se vanta, etc....* Ce fut Lycurgue qui conseilla de rétablir les jeux Olympiques qui avoient été institués par Hercule et qui avoient souffert une longue interruption : Iphitus, qui régnoit sur un canton de l'Elide, les remit en honneur. On inscrivit pour la première fois sur les registres publics des Eléens, plus d'un siècle après, celui qui avoit été vainqueur à la course du stade ; c'étoit Corebus. Cet usage continua, et c'est la suite des vainqueurs à ces jeux, qui indique les différentes Olympiades et qui forme autant de points fixes pour la chronologie.

Avant de célébrer ces jeux, on promulguoit un décret qui suspendoit toutes les hostilités, et des troupes qui auroient eu l'audace d'entrer dans cette terre sacrée, postérieurement à cette promulgation, auroient été condamnées à une amende de deux mines (*) par soldat.

Les Eléens, qui avoient l'administration de ces jeux, avoient, est-il dit dans le voyage du jeune Anacharsis, page 474 du troisième volume, donné à ce spectacle

(*) Cent quatre-vingt livres.

toute la perfection dont ils étoient susceptibles, tantôt en introduisant de nouvelles espèces de combats, tantôt en supprimant ceux qui ne remplissoient point l'attente de l'assemblée.

Olympie, également connue sous le nom de Pise, étoit située sur la rive droite de l'Alphée, au pied d'une colline appellée Mont de Saturne.

Le fameux temple de Jupiter, bâti dans cette ville, fut construit des dépouilles enlevées par les Eléens à quelques peuples qui s'étoient révoltés contr'eux. Il étoit d'ordre Dorique, entouré de colonnes et construit d'une pierre tirée des carrières voisines, mais aussi éclatante et aussi dure, quoique plus légère, que le marbre de Paros. Il avoit de hauteur soixante-huit pieds, deux cent trente de longueur, et de largeur, quatre-vingt-quinze.

Un architecte habile, nommé Libon, fut chargé de la construction de cet édifice. Deux sculpteurs non moins habiles avoient enrichi, par de savantes compositions, les frontons des deux façades. Dans l'un de ces frontons on voyoit, au milieu d'un grand nombre de figures, Œnomaüs et Pélops prêts à se disputer, en présence de Jupiter, le prix de la course; dans l'autre, le combat des Centaures et des Lapithes. La porte d'entrée étoit de bronze, ainsi que la porte du côté opposé..... Le temple étoit divisé par des colonnes en trois nefs. On y trouvoit, de même que dans le vestibule, quantité d'offrandes que la piété et la reconnoissance avoient consacrées aux Dieux; mais loin de se fixer sur ces objets, les regards se portoient rapidement sur la statue et sur le trône de Jupiter; ce chef-d'œuvre de Phidias et de la sculpture, faisoit, au premier aspect, une impression que l'examen ne faisoit que rendre plus profonde.

La figure de Jupiter étoit en or et en ivoire, et quoiqu'assise, elle s'élevoit presque jusqu'au plafond du temple. De la main droite, elle tenoit une victoire, également d'or et d'ivoire; de la gauche, un sceptre travaillé avec goût, enrichi de diverses espèces de métaux et surmonté d'un aigle. La chaussure étoit en or ainsi que le manteau sur lequel on avoit gravé des animaux, des fleurs et sur-tout des lys.

Le trône portoit sur quatre pieds, ainsi que sur des colonnes intermédiaires de même hauteur que les pieds. Les matières les plus riches, les arts les plus nobles concoururent à l'embellir. Il étoit tout brillant d'or et d'ivoire, d'ébène et de pierres précieuses; par-tout décoré de peintures et de bas-reliefs.... Aux pieds de Jupiter on lisoit cette inscription : *Je suis l'ouvrage de Phidias, Athénien, fils de Charmidès....*

On étoit frappé de la grandeur de l'entreprise, de la richesse de la matière, de l'excellence du travail, de l'heureux accord de toutes les parties; mais on l'étoit bien plus encore de l'expression sublime que l'artiste avoit su donner à la tête de Jupiter.

La Divinité même y paroissoit empreinte avec tout l'éclat de la puissance, toute la profondeur de la sagesse, toute la douceur de la bonté. Auparavant les artistes ne représentoient le maître des Dieux qu'avec des traits communs, sans noblesse et sans caractère distinctif. Phidias fut le premier qui atteignit, pour ainsi dire, la majesté divine, et sut ajouter un nouveau motif au respect des peuples, en leur rendant sensible ce qu'ils avoient adoré. Dans quelle source avoit-il donc puisé ces hautes idées? Des poëtes diroient, qu'il étoit monté dans le ciel, ou que le Dieu étoit descendu sur la terre, mais il répondit d'une manière et plus simple et plus noble, à ceux qui lui faisoient la même question : il cita les vers d'Homère (*) où ce poëte dit qu'un regard de Jupiter suffit pour ébranler l'Olympe. Ces vers, en réveillant dans Phidias l'image du vrai beau, de ce beau qui n'est apperçu

(*) Iliad. lib. I, vers 530.

que par l'homme de génie, produisirent le Jupiter d'Olympie, et le Jupiter d'Olympie servira toujours de modèle aux artistes qui voudront représenter dignement l'Être Suprême.

Page 78, *depuis un an, mon cher fils, que vous étudiez sous Cratippe, et cela à Athènes*..... Le fils de Cicéron fut assez heureux pour échapper à la proscription qui immola son père à la vengeance d'Antoine, et il ne dut son salut qu'à la précaution qu'il avoit eue de se retirer auprès de Brutus. (*) Il trouva le secret ensuite de se reconcilier avec Auguste; et ce qui fait l'éloge de ce dernier, c'est qu'ayant sacrifié le père, par une foiblesse qu'il n'auroit jamais dû se pardonner, il eut le courage de

(*) Il paroît que le jeune Cicéron se retira après la bataille de Philippes en Sicile auprès de Sextus Pompée, qu'il revint à Rome, en exécution du traité de Misène, qu'ainsi il se trouva à portée de recevoir les bienfaits d'Octave qui avoit pardonné à tous ses ennemis, qu'il fut Augure, et qu'enfin il parvint au Consulat.

souffrir et de voir le fils et même de lui rendre d'importans services. Il le fit Consul l'an de Rome 722, et quoique cette dignité ne fût plus sous la tyrannie qu'une vaine ombre de ce qu'elle avoit été dans le temps de la République, les plus grands de Rome la recherchoient cependant, l'ambitionnoient et s'en trouvoient peut-être plus honorés qu'on ne croyoit l'être dans les plus beaux siècles de Rome libre et triomphante.

Antoine étant mort précisément la même année que le fils de Cicéron étoit Consul, ce fut sous sa présidence qu'un sénatus-consulte ordonna que ses statues fussent renversées, que tout ce qui avoit été décerné en son honneur fût aboli, que le jour de sa naissance fût placé au rang des jours malheureux, et qu'il ne fut permis à aucun de ceux de la famille Antonia, de jamais porter le prénom de *Marcus*. Cette circonstance, sans doute, est d'autant plus singulière, que le consulat du fils de Cicé-

ron

tion ne dura que six semaines (depuis le 13 septembre, jusqu'au premier novembre) et que cette flétrissure d'Antoine fut une espèce de consolation accordée aux mânes de Cicéron, dont le fils portoit à la mémoire de l'ennemi et du bourreau de son père, le dernier coup de la vengeance la plus sanglante et la plus inattendue.

APPERÇU
SUR L'ART DE TRADUIRE.

Il s'éleva le siècle dernier une dispute littéraire entre deux académiciens célèbres, (*) sur la question de savoir si les traductions étoient utiles ou contraires aux progrès des lettres. Cette dispute donna lieu à deux dissertations où cette question est traitée à fonds et qui furent lues dans une assemblée de l'Académie en 1734. Elles furent imprimées l'une et l'autre et me tombèrent entre les mains, il y a environ cinquante ans : j'en fis l'extrait que je fais imprimer ici, parce que je crois qu'il peut être de quelqu'utilité aux jeunes gens qui liront Cicéron. Je ne pensois guères alors que je deviendrois un jour traducteur, et que cette sorte de travail feroit l'amuse-

(*) Les abbés Vatry et Gédoyn.

ment et la consolation de mes vieux jours; mais j'éprouve aujourd'hui dans la pratique, ce que je lisois autrefois dans Cicéron, « que l'étude des lettres est l'a-
» musement le plus libéral et le plus digne
» de l'homme. Les autres plaisirs, dit
» cet excellent moraliste, ne sont ni tou-
» jours de saison, ni toujours appropriés
» à tous les âges. Les lettres sont l'ali-
» ment de la jeunesse et le charme de la
» vieillesse. Elles donnent de l'éclat à la
» prospérité, consolent le malheur et lui
» servent d'abri. C'est pour celui qui les
» cultive une source d'agrémens dans son
» intérieur, et jamais au dehors elles ne
» lui causent d'embarras : enfin, elles ne
» nous abandonnent ni la nuit, ni lorsque
» nous entreprenons des voyages, ni lorsque
» nous voulons aller goûter quelque repos
» à la campagne ». (*Voy. tom. I, pages* 87 *et* 88 *de la nouvelle traduction des pensées de Cicéron.*)

Monsieur Huet, dans son livre *De claris*

interpretibus, dit qu'il ne sait si les traductions n'ont pas été plus nuisibles qu'avantageuses aux progrès des lettres. *Dubitavi sæpe numero detrimenti ne plus in rempublicam litterariam invexerit interpretandi ars aut emolumenti?* On ne peut nier, ajoute-t-il, que nous n'ayons en françois quelques excellentes traductions, et que ces traductions mêmes n'aient leur utilité. D'ailleurs, on aimera toujours à voir exprimer élégamment en françois les mêmes choses qu'on a trouvées si bien dites ou en grec ou en latin. Cependant il n'est pas moins vrai que les traductions, en se multipliant, ont été en partie la cause que les anciens originaux ont été négligés et que par-là, elles ont porté un coup mortel aux bonnes études. Le sentiment de M. Huet peut être fortifié et prouvé par les raisons suivantes.

1°. Les traductions ne donnent pas en général une grande idée des anciens; il y en a peu de bonnes, et il est impossible que les meilleures soient accompagnées de tous les accessoires qui seroient nécessaires pour mettre les originaux en état d'être parfaitement entendus. Celui qui ne lit que des traductions, trouve dans les anciens peu de choses qui lui plaisent. A tous momens il hésite, il ne sait ce que l'auteur a voulu dire. Ces traductions ou copies, qui manquent ordinairement d'âme et de vie, ne lui donnent que du dégoût. Au lieu de cette élégance, de cette noblesse et de cette force qu'on vante dans l'original, il ne trouve qu'un composé bisarre d'antique et de moderne, d'étranger et de françois; alors il méprise ce qui lui plait si peu, et sans faire attention à tout ce qui lui manque pour bien juger, il condamne les anciens, parce que leurs écrits ne lui présentent rien de ce qu'il croyoit y trouver, et parce qu'il ne conçoit pas ce qui s'y trouve véritablement. On ajoute que pour pénétrer le fond de la doctrine d'un auteur, il est bien important d'entendre les termes qu'il emploie. Une équivoque, une phrâse ambigue ou obscure, suffisent pour faire prendre le change sur tout un systême. Bornons-nous à la traduction d'une histoire écrite en grec ou en latin. Celui qui la met en françois, ou dans tout autre langue moderne, donne toujours aux événemens un tour qui lui est particulier. Un historien est à l'égard de son traducteur, ce qu'est un homme qui a vu, par rapport à celui qui a seulement ouï raconter. Un historien parle tantôt de guerre et tantôt de politique; la religion, les sciences, les mœurs, sont de son ressort: croit on qu'il soit possible de faire passer d'une langue dans une autre, sans qu'il y ait rien à perdre pour l'original, toutes ces différentes parties de l'histoire?

On répond, que les traductions sont infiniment utiles, et que traduire en françois ce que chaque siècle a produit d'excellent parmi les autres nations, c'est le moyen le plus sûr que nous ayons pour multiplier nos connoissances, pour entretenir le goût de la bonne littérature, pour le rappeller s'il se perdoit, et pour ne pas retomber dans l'ignorance et la barbarie.

On convient cependant qu'il n'y a point de traduction parfaite, parce qu'aucune copie ne peut avoir une entière conformité avec son original; et en effet, qu'est-ce que traduire? C'est faire passer dans une langue ce qui est écrit dans une autre. Or, nulle langue, tout le monde en convient, n'a dans son propre fonds des équivalens suffisans pour exprimer parfaitement toutes les beautés d'une autre langue. Nous ne pouvons pas rendre en françois, dans toute sa force, ni le *pontem indignatus Araxes* de Virgile, ni le *vultus nimium lubricus aspici* d'Horace, ni le *Mithridates ingenti numero perinde armatus* de Saluste. On ne rendroit pas mieux en grec ou en latin les expressions hardies de nos poëtes, ni l'élégant badinage de La Fontaine. C'est ainsi qu'il est impossible de rendre en françois, dans toute sa beauté, la fable *du rat de ville et du rat de campagne*, tirée d'Horace ; cependant nous entendons parfaitement, et la pensée du poëte et les mots qui l'expriment. Cette impossibilité ne vient donc que de la disette de notre langue, non disette absolue, mais disette relative à la narration latine d'Horace ; ainsi c'est le défaut d'équivalens qui est cause de la défectuosité de la plupart de nos traductions.

2°. Pour mettre en langue vulgaire un auteur ancien, il faut connoître parfaitement l'original sur lequel on travaille, mais c'est là précisément la difficulté. Il n'y a point de langue morte qui n'ait beaucoup d'expressions que ne peut pas entendre même celui qui connoit le mieux l'histoire, les lois, les mœurs et les usages du peuple qui parloit cette langue. Il se rencontre toujours quelque mot dont l'acception est si éloignée de l'acception ordinaire, qu'il est presqu'impossible de ne s'y pas méprendre.

M. Rollin et M. Gédoyn, deux des plus

grands littérateurs du dernier siècle, ne sont nullement d'accord sur la manière de traduire un célèbre passage de Quintilien où il s'agit de la manière dont les anciens grammairiens censuroient certains passages des auteurs qu'ils avoient entre les mains, de la manière dont ils restituoient les textes altérés, et du rang qu'ils assignoient aux auteurs de ces ouvrages. Voici ce passage de Quintilien :

Quo quidem judicio ità severè sunt usi veteres grammatici, ut non versus modo censoriâ quadam virgulâ, notare, et libros qui falsò viderentur inscripti, tanquam subditítios summovere familiâ permiserint sibi, sed auctores alios in ordinem redegerint, alios omnino exemerint numero.

Les anciens grammairiens, (c'est la traduction de l'abbé Gédoyn) usoient de cette critique avec tant de sévérité, que s'érigeant en censeurs, ils marquoient dans les livres les endroits qui ne leur plaisoient pas, ils démêloient les véritables ouvrages d'un auteur d'avec ceux qui lui étoient faussement attribués, traitant ceux-ci comme des enfans supposés, qu'on chasseroit de la maison pour faire place aux légitimes ; ils passoient en revue tous les auteurs, mettoient les uns en meilleur ordre et donnoient une entière exclusion aux autres.

La difficulté ne tombe que sur les deux dernières phrâses : *auctores alios in ordinem redegerint, alios omnino exemerint numero.*

Ces deux phrâses signifient-elles mettre les uns en meilleur ordre, donner une entière exclusion aux autres ?

M. Rollin et beaucoup d'autres interprètes fort savans ne le pensent pas. Suivant eux, Quintilien a voulu dire que les grammairiens dont il parle mettoient ces auteurs, les uns dans la classe des écrivains médiocres et vulgaires, et qu'ils plaçoient les autres au nombre des plus excellens, c'est-à-dire qu'ils les tiroient de pair et les plaçoient au premier rang, et c'est en effet ce que paroissent signifier ces mots : *alios in ordinem redigere, alios omnino eximere numero.*

Quoiqu'il en soit ces deux sens sont très-différens et il est assez difficile de décider lequel a raison, ou M. Rollin ou M. Gedoyn.

3°. Le traducteur d'un auteur grec ou latin qui vivoit il y a deux mille ans, a beau connoître les mœurs, les lois, les coutumes, la religion, le gouvernement et l'histoire d'un temps si reculé, tous ces points n'ont pas été si parfaitement débrouillés par les plus savans commentateurs, qu'il n'y reste encore beaucoup d'obscurité; Pausanias, par exemple, parle de la barrière d'Olympie et de la Lyce où se faisoient les courses de chevaux et les courses de chars: eh! bien, nous trouvons aujourd'hui des difficultés insurmontables dans la manière d'entendre ce passage. Etoit-on obligé de tourner douze fois autour de la borne? Pausanias ne dit pas un seul mot de cette pretendue nécessité, sans doute parce que le fait étoit connu dans le temps où il écrivoit. Beaucoup d'autres auteurs, et singulièrement Pindare la supposent cette

nécessité,

nécessité, mais plusieurs la révoquent en doute et s'appuient du silence de Pausanias.

Quelques anciens nous parlent de leurs galères à neuf, à douze ou quinze rangs de rames, et malgré tout ce qu'à fait un savant académicien (*) pour en démontrer la possibilité, il reste encore beaucoup de doutes qui ne seront jamais pleinement éclaircis.

C'est dans ces occasions qu'un traducteur fort embarrassé, entend une partie du sens de l'auteur, et devine l'autre, ou si on l'aime mieux, qu'une chose lui en fait conjecturer une autre ; mais présumer, mais conjecturer, c'est montrer une sorte d'incertitude, et voilà ce qui peut faire croire qu'il ne sauroit y avoir de traduction parfaite.

Il n'en est pas moins vrai que traduire un excellent original, est une des plus dignes

(*) M. Le Roy de l'Académie des inscriptions.

occupations d'un homme de lettres, et qu'en cette qualité il ne peut guères rendre un plus grand service à sa nation, que de lui mettre sous les yeux, en langue vulgaire, ce que l'antiquité nous a laissé de plus précieux, car on ne peut pas nier que les écrits des Grecs et des Romains ne soient ce que nous pouvons lire de plus utile, soit pour les mœurs par les préceptes de sagesse et les grands exemples qu'ils contiennent; soit pour l'esprit par cette finesse de goût, cette justesse et cette élévation de pensées qui les maintient dans la possession d'une estime universelle, depuis tant de siècles, soit enfin pour les lettres dont ils sont la source féconde et le plus solide fondement. Or, ces écrits si utiles en eux-mêmes, comment peuvent-ils cesser de l'être pour avoir passé d'une langue dans une autre? Les traductions sont des copies de ces originaux, copies imparfaites, à la vérité, mais copies ressemblantes, et souvent même très-ressemblantes.

Il est vrai que plusieurs obstacles s'opposent à leur conformité parfaite, avec leurs originaux. Le premier et le plus considérable de ces trois obstacles, qui consiste dans le défaut de parfaits équivalens, ne se fait guères sentir que lorsqu'on traduit un poëte. A l'égard des deux autres inconvéniens, ils sont pour tout lecteur, même le plus éclairé et le plus savant, comme pour le traducteur. Supposant celui-ci homme intelligent, appliqué et assez laborieux pour profiter des secours qu'on trouve dans les divers commentaires, ce qu'il n'aura pas entendu dans son auteur, un savant du premier ordre ne l'entendra pas mieux.

Il y a dans tous les auteurs quelques endroits qui se dérobent à notre pénétration et à toutes nos recherches, mais heureusement ces endroits ne sont jamais les plus nécessaires et les plus intéressans de l'ouvrage; ce sont quelques allusions, quelques faits, quelques détails dont la connoissance est plus curieuse qu'utile. On n'entend pas ce que dit Quintilien de la prononciation ancienne de quelques mots latins et de la manière dont l'orateur doit ajuster sa toge durant l'action. En a-t-on moins en françois l'*Institution de l'Orateur*, c'est-à-dire celui de tous les livres qui est le plus propre à nous former le goût, l'esprit et les mœurs? Ce qu'il y a d'obscur dans Pausanias, n'empêche pas que nous n'ayons en françois, ce voyage si exact et si curieux, des plus célèbres contrées de l'Asie et de l'Europe. Quoique nous ne sachions pas les langues savantes comme nous savons notre langue propre, nous ne laissons pas que d'avoir d'excellentes traductions en françois, par exemple, celles de Quinte-Curce par Vaugelas, de la retraite des dix mille de Thucidide par d'Ablancourt, etc. Nous en avons de plus modernes qui ne le sont pas moins; je ne les cite pas de peur d'oublier plusieurs de ceux qui méritent une distinction particulière. Prétendre que ces traductions sont peu utiles, peu propres à entretenir le goût de la saine littérature, c'est fermer volontairement les yeux à l'évidence; elles l'entretiennent et dans le traducteur et dans le lecteur; dans le traducteur, par l'heureuse nécessité où il est d'étudier son original et de lire tout ce qui peut lui en faciliter l'intelligence; dans le lecteur, par le sentiment des beautés qu'on a su conserver dans la copie et qu'il ne seroit peut-être pas en état de goûter dans l'original.

Quelle erreur d'imaginer que Démosthène et Cicéron, Hérodote et Tite-Live ne sont de parfaits modèles que quand ils parlent leur langue. S'il est reconnu qu'on ne puisse bien rendre un poëte dans une autre langue, ce qui n'est pourtant pas démontré, (*) on ne peut pas assurer la

(*) La traduction des Géorgiques est si belle et approche tant de l'original, qu'on ne peut plus dire qu'il soit impossible de traduire les poëtes.

même chose, d'un orateur, d'un historien, d'un philosophe; ils ne perdent presque rien, et sur-tout rien d'essentiel, en passant d'une langue dans une autre.

La copie sera peut-être plus foible que l'original, mais pour être plus foible, elle ne laissera pas d'en représenter tous les traits, et voilà l'important. On reconnoît dans la traduction des Philippiques, Démosthène pour le plus grand orateut qu'il y ait eu, au lieu que celle du Panégyrique de Trajan, annonce un orateur affecté qui ne songeoit qu'à avoir de l'esprit et qui développe peu d'éloquence. Le caractère des deux écrivains est donc parfaitement bien conservé dans l'une et dans l'autre copie.

Au surplus, l'abondance d'une langue n'est pas tellement un avantage qu'elle ne donne lieu à beaucoup de fautes, lorsqu'on n'en use pas sobrement. Chaque langue a son génie propre et un caractère qui n'est qu'à elle. La langue latine a peut-être plus de force, mais le françois a, si on l'ose dire, plus de réserve, est plus ami de la clarté et plus ennemi des répétitions. Il n'y a donc pas beaucoup à perdre pour les écrits des anciens, d'être traduits en françois; le grand point, c'est qu'ils soient bien traduits, car il en est des traducteurs comme de tous les autres auteurs, il s'en trouve plus de mauvais que de bons. Que conclure de tout cela? C'est que les traductions, même imparfaites à certains égards, sont très-estimables, car tout ce qui est utile aux hommes, mais dont l'exécution peut rebuter par la peine qui y est attachée, mérite bien que l'on sache quelque gré à ceux qui réussissent : aussi voyons-nous que ce qui est marqué au bon coin en ce genre, a toujours une valeur quelconque et un certain prix. Le Plutarque d'Amyot en est la preuve. Malgré le grand nombre de défauts que Meziriac y a remarqués, malgré les nouvelles versions qu'on en a faites pour faire tomber l'ancienne, elle se maintient toujours en estime, depuis plus de deux cents ans, tandis que nous n'avons presqu'aucun auteur original du même temps qui ait aujourd'hui quelque réputation.

Il n'est cependant pas hors de propos d'éclairer deux sortes de personnes qui font aujourd'hui une partie considérable du public, celles qui par ignorance ou par paresse, se sont persuadées qu'il étoit désormais inutile d'étudier à fond les langues savantes, puisque tous les bons livres ont été traduits, et celles qui se flattent d'être en état de juger les ouvrages des anciens sur la foi des traducteurs. Quoique tous les bons livres aient été traduits, ils ne peuvent pas remplacer les originaux à tous égards. Les traductions ne sont vraiment utiles qu'à ceux qui ignorent les langues anciennes, et si je puis lire Horace dans sa langue, je me garderai bien de me contenter, même de la meilleure traduction que nous ayons de cet aimable poëte. On trouve, en lisant l'original, une foule de choses qui nous ravissent et nous transportent, et il seroit bien injuste de vouloir qu'une traduction nous procurât le même plaisir, parce que le charme qui résulte de l'arrangement des mots, du choix des expressions, de la propriété des termes, d'un stile naturel, élégant et fleuri tient à la langue latine, et que le françois a d'autres beautés, une autre marche, un autre stile, et que tout ce que peut faire en pareil cas un traducteur, est de chercher des équivalens qui puissent dédommager en quelque sorte Horace de toutes les pertesqu'il fait, en passant dans une autre langue que la sienne.

Que fait un traducteur habile, demande celui (*) des Géorgiques de Virgile ? Il étudie le caractère des deux langues. Quand leurs génies se rapprochent, il est fidèle ; quand ils s'éloignent, il remplit l'intervalle

(*) M. l'abbé Delille, dans son discours préliminaire de la traduction des Géorgiques.

par un équivalent qui, en conservant à sa langue tous ses droits, s'écarte le moins qu'il est possible, du génie de l'auteur.

Il sera donc toujours utile d'étudier les langues savantes, et tant qu'on voudra juger les anciens d'après des traductions, on fera comme Lamothe, qui critiquoit Homère sans l'entendre, et qui malgré tout son esprit, se rendit ridicule, en condamnant ce qu'il ne comprenoit pas. *(V. histoire de l'accad. des b. l. tom. 6, in-12, p. 163 et suiv.)*

Pour joindre l'exemple aux préceptes, nous terminerons cet article par l'examen d'une phrâse que Cicéron a employée dans la seconde Catilinaire et qui est devenue tout-à-la-fois, fameuse par les critiques et célèbre par les éloges.

Cicéron, qui par sa première harangue au sénat, avoit jetté la terreur dans l'âme de l'audacieux Catilina, et l'avoit forcé de fuir précipitamment de Rome, fut à peine instruit de cet événement, qu'il fit assembler sur-le-champ sa compagnie, et qu'il s'écria, dès le début d'un discours improvisé : *abiit, excessit, evasit, erupit.*

Quelques littérateurs distingués ont traité cette phrâse de froide tautologie, tout-à-fait indigne de la gravité d'un Consul. D'autres au contraire ont essayé de la justifier et de prouver qu'elle n'étoit point surchargée de termes inutiles ; que ces mots, *abiit*, *excessit*, *evasit*, *erupit*, présentoient, il est vrai, une même action, mais chacun avec des différences notables.

Abiit signifie que Catilina étoit sorti du sénat, *iit à senatu. Excessit*, qu'il n'étoit pas même resté dans la ville : *ex urbe cessit.*

Le mot *evasit* ajoute à cette sortie de la ville, en faisant entendre qu'il en est sorti par force et malgré lui ; enfin, le mot *erupit* présente l'idée d'un volcan qui fait éruption et montre la précipitation avec laquelle il avoit voulu rejoindre l'armée de Manlius.

Cette phrâse, tant critiquée, forme donc

un tableau d'autant plus parfait, qu'il peint mieux la vérité de l'histoire.

D'ailleurs, comme l'a très-bien observé un célèbre académicien, qui a complettement justifié cette phrâse avant nous, (*) si l'on veut la juger par la raison ou par les règles qui sont puisées dans le sein de la nature, Cicéron a dû s'exprimer comme il l'a fait, parce qu'il a parlé le langage de la passion, qu'il vouloit et qu'il devoit feindre dans les circonstances où il se trouvoit, c'est-à-dire le langage de la joie, qui est fécond en paroles ainsi qu'en pensées.

Le jour où il prononça la seconde Catilinaire étoit un jour de triomphe pour lui. Son éloquence avoit commencé à lui mériter, au milieu de la paix, des honneurs qu'on n'accorde qu'aux victoires signalées ; il ne faut donc pas s'étonner que, pour cébrer ce grand jour, il ait employé tant de termes qui paroissent synonimes sans l'être

(*) *Histoire de l'acad. des belles lettres, v. 6, in 12, p. 325 et suiv.*

en

en effet. *Emisimus..... ejecimus..... abiit, excessit, evasit, erupit.*

Le jour précédent, Cicéron, en forçant Catilina de sortir de Rome, lui avoit arraché en quelque sorte l'aveu de ses coupables desseins, et puisque c'étoit là, comme Cicéron le dit lui-même, une victoire magnifique, *hominem perdidimus magnificeque vicimus*, il pouvoit, tout Consul qu'il étoit, relever cette victoire par une foule de termes presqu'identiques et tâcher d'augmenter quelque sorte par là, la gloire dont il venoit de se couvrir.

NOTES

SUR L'ART DE TRADUIRE.

Page 111. Depuis l'époque où les deux académiciens (les abbés Vatry et Gédoyn), examinoient si les traductions étoient favorables ou contraires aux progrès des lettres, il en a paru un grand nombre, dont plusieurs sont excellentes et méritent une distinction particulière. Parmi ces dernières, il en est deux ; la nouvelle version de Suétone et celle des Géorgiques de Virgile, dont je dirai un mot.

L'auteur du cours de littérature n'a point rappellé les règles que doit suivre tout homme de lettres qui veut faire passer dans sa langue quelqu'ouvrage de l'antiquité, digne de fixer les regards d'une nation éclairée et polie. Il a mieux fait ; il a publié une traduction de Suétone, qui mérite de servir de modèle, et quoiqu'il ait la modestie de faire entendre que son travail lui a coûté peu d'efforts, ceux qui parcourent la même carrière, ne sont certainement pas de son avis, et savent lui rendre une justice qu'il se refuse à lui-même.

S'ils ne pensent pas non plus comme lui sur l'insuffisance de la langue françoise, c'est un peu sa faute.

Quand on a lu tous ces morceaux de poésie et de prose, écrits avec tant de pureté et d'élégance, et sur-tout ce cours de littérature où il montre une critique si judicieuse et un goût si sûr, on ne peut se persuader que la langue françoise, même quand « elle est mise en présence avec les langues anciennes, ressemble à un homme nu et garotté, devant un athlète libre de tous ses membres et armé de toutes pièces ».

On convient que les Grecs et les Latins ont deux qualités inestimables, une harmonie élémentaire qui réside dans leurs syllabes et leurs terminaisons, et la faculté des inversions, qui les laisse maîtres de placer où ils veulent le mot qui est image et le mot qui est pensée.

Mais la langue françoise a aussi des expressions harmonieuses, brillantes, énergiques. Elle a aussi ses inversions, et quand elle est employée par un homme qui a de la sensibilité et du génie, le mot qui est image et le mot qui est pensée, se trouvent placés là où ils font le plus d'effet.

Est-il vrai ensuite que l'harmonie des langues grecques et latines soit un accompagnement délicieux qui soûtient les pensées quand elles sont foibles, qui anime les détails indifférens et qui enchante les oreilles quand le cœur se repose ?

Une pensée n'est foible que quand elle n'est pas assez fortement conçue, et ce n'est pas la faute de la langue quand l'expression est foible elle-même, car elle doit être conforme à son objet. Horace nous apprend lui-même qu'une idée lumineuse et vraie se présente toujours avec le mot propre, que des détails indifférens ne manquent jamais d'ennuier, et que, quand le cœur se repose, les paroles les plus pompeuses ne sont pour l'oreille qu'un vain bruit. Que suit-il de-là ? Que si nous autres modernes, quand la pensée nous abandonne, nous avons peu de ressources pour nous faire écouter, les Grecs et les Romains qui vouloient écrire, avoient le même sort. Pourquoi Ovide, qui parloit si bien sa langue, est-il souvent déclamateur, diffus, ennuieux ? Pourquoi Horace, au contraire, charme-t-il toujours ses lecteurs ? C'est que celui-ci est plein de choses, et que celui-là se livre à une stérile abondance, que le premier ne manque jamais d'intéresser et que l'autre fatigue toujours. Ainsi, un homme voluptueux, un homme aux organes sensibles, se gardera bien de lui dire ce qu'il diroit à Virgile et à Horace : (ceux-ci d'ailleurs sauroient se taire si la pensée les abandonnoit, ou s'ils n'en avoient que de foibles) chantez, chantez toujours, « dussiez-vous ne rien dire, votre voix » me charme quand vos discours ne m'oc» cupent plus ».

Si sur ce point particulier nous ne sommes point d'accord avec M de Laharpe, nous pensons comme lui que c'est en lisant les anciens, que le goût s'épure, que l'âme s'élève et se fortifie, et que le sentiment de la vraie gloire et l'amour du vrai beau, s'accroissent et s'affermissent. Qui est-ce qui n'a pas mieux senti, dit-il, la dignité de l'homme, en lisant les Tusculanes de Cicéron? Qui est-ce qui ne s'est pas affermi dans l'amour de la vérité, en voyant le portrait qu'il trace de la raison qui a dans soi quelque chose de noble et d'excellent, fait pour commander et non pour obéir, un caractère élevé au-dessus des choses humaines, qui ne craint rien, qui ne cède à personne, que rien ne détruit, etc.

Revenant ensuite à l'art de traduire, M. de Laharpe observe, que si la principale qualité d'une traduction est d'être une copie fidèle de l'original, il est vrai de dire qu'il n'y a que les écrivains sans génie qui puissent être véritablement traduits, qu'il importe peu dans quelle langue soit écrite une gazette de faits, et que l'on peut être sûr, en lisant un Suétone françois écrit avec soin, qu'on a lu à-peu-près le Suétone latin. Il ajoute, qu'en lisant la meilleure traduction de Tacite ou d'Horace, on n'a lu ni l'un ni l'autre. La raison qu'il en donne, c'est qu'un homme de génie pense et sent avec son idiôme, et qu'un langage étranger ne peut rendre ni ses pensées ni ses sentimens, sans les dépouiller des teintes de cet idiôme natal, si essentiel et si nécessaire, qu'il est impossible de les enlever sans décolorer l'ouvrage. Ces dernières réflexions du traducteur de Suétone, sont susceptibles d'une discussion qui ne peut pas faire la matière d'une simple note. Ecoutons le traducteur des Géorgiques de Virgile ; on trouvera dans ses principes la réponse aux observations de M. de Laharpe.

M. l'abbé Delille entre un peu plus dans le détail des difficultés qu'éprouvent ceux qui veulent parmi nous traduire un auteur latin : ces difficultés, dit-il, viennent principalement de la différence des deux langues, et il les applique sur-tout à la traduction des poëtes.

Chez les Romains, dit-il, le peuple étoit roi, par conséquent les expressions qu'il employoit, partageoient sa noblesse. . . . . . Ainsi, il y avoit une foule de mots que leurs poëtes pouvoient employer sans dégrader leur style ; on peut en dire autant d'une multitude d'idées et d'images qui n'étoient point ignobles parce que le caractère de souveraineté dont le peuple étoit revêtu, imprimoit un caractère de noblesse à toutes ses actions, et par contre-coup, aux idées et aux images qui les exprimoient ou qui en étoient empruntées. Parmi nous, la barrière qui sépare les grands, du peuple(*), a séparé leur langage : les préjugés ont avili les mots comme les hommes, et il y a eu, pour ainsi dire, des termes nobles et des termes roturiers. Une délicatesse superbe a donc rejetté une foule d'expressions et d'images ; la langue, en devenant plus décente, est devenue plus pauvre.

A la pauvreté s'est jointe la foiblesse ; le peuple met dans son langage cette franchise énergique qui peint avec force les sentimens et les sensations. Le langage des grands est circonspect comme eux. Aussi, dans tous les pays où le peuple donne le ton, on trouve dans les écrits, des sentimens si profonds, si forts, si convulsifs, si j'ose m'exprimer ainsi, qu'il est impossible de les faire passer dans une langue qui exprime foiblement, parce que ceux qui donnent le ton, sentent de même.

(*) Ceci s'écrivoit vingt ans avant la révolution. Il faudra changer de langage si elle fait du peuple françois, *populum latè regem*.

Les mœurs n'influent pas moins sur la langue que sur le gouvernement. Les Romains se voyoient toujours en public et pour ainsi dire, en perspective ; nous nous voyons de plus près et plus en détail, etc.

M. l'abbé Delille parle plus loin, du systême de traduction qu'il a suivi et des libertés qu'il s'est permises. Un mot est noble en latin, dit-il, le mot françois qui y répond est bas. Si vous vous piquez d'une extrême exactitude, la noblesse du style est donc remplacée par de la bassesse.

Une expression latine est forte et précise, il faut en françois plusieurs mots pour la rendre. Si vous êtes exact, vous êtes long, etc.

Que fait un traducteur habile ? Il étudie le caractère des deux langues. Quand leur génie se rapproche, il est fidèle ; quand il s'éloigne, il remplit l'intervalle par un équivalent qui, en conservant à sa langue tous ses droits, s'écarte le moins qu'il est possible, du génie de l'auteur. Chaque écrivain a, pour ainsi dire, sa démarche et sa physionomie. Il est plus ou moins chaud, plus ou moins rapide, plus ou moins ingénieux. On ne prendra donc pas, pour rendre le style toujours vrai, toujours précis, toujours simple de Virgile, le style brillant, fécond et diffus d'Ovide.

Page 116. Ces mots : *pontem indignatus Araxes*, peuvent se rendre en françois, non pas avec la précision de Virgile, parce que le génie de la langue françoise s'y oppose, mais avec élégance et quelqu'énergie.

On peut dire : l'*Araxe, indigné d'être dominé par un pont*, ou l'*Araxe indigné qu'un pont enchaîne ses deux rives.*

Même page. Ce vers d'Horace : *Vultus nimium lubricus aspici*, signifie *une figure, un visage qu'il est trop dangereux de fixer ;* sans doute cette version n'exprime pas tout ce que ce vers fait sentir, mais elle présente un équivalent, qui quoique foible, fait entrevoir tout ce que veut dire le poëte.

Même page. *Mithridates ingenti numero*

perindè armatus. Salluste veut dire, *que de son côté, Mithridate se trouvoit rétabli à la tête d'une puissante armée*. Toute la difficulté consiste dans l'adverbe *perindè*, qui signifie en général, *de même*, *comme*, *de la même manière que*, mais il signifie aussi *également*, ce qui s'établit par cette phrâse d'Aulu-Gelle, *ars operosa*, *et perindè fructuosa*, un art également laborieux et profitable.

FIN DU IIIe. ET DERNIER VOLUME.

TABLE INDICATIVE

Des textes de Cicéron.

Songe de Scipion.

§. I. Page 1.

Lorsque je débarquai en Afrique, à la tête de la quatrième légion qui servoit, comme vous le savez, dans l'armée du consul Manilius, etc.

Cum in Africam venissem M. Manilio consuli ad quartam legionem tribunus (ut scitis) militum..... Fragm. lib. VI de Rep.

PENSÉES DIVERSES.

§. I. Page 30.

Si nous naissions avec des dispositions qui

fussent telles que nous pussions connoître à fonds la nature et fournir la carrière de la vie en nous abandonnant à cet excellent guide, nous n'aurions besoin ni de principes ni de règles de conduite.

Quod si tales nos natura genuisset, ut eam ipsam intueri et perspicere, eâdemque optimâ duce, cursum vitæ conficere possemus: haud erat sanè, quod quisquam rationem ac doctrinam requireret..... Tuscul. III, 1.

§. II. Page 32.

Que les grands soient des modèles et la chose publique ira bien.....

Cæteris specimen esto. Quod si est, tenemus omnia. De legib. III, 13, 14.

§. III. Page 35.

Platon, ce génie supérieur, ce philosophe d'un savoir consommé, pensoit que les peuples ne seroient véritablement heureux que lorsqu'ils auroient des chefs distingués par leur sagesse, ou qui du moins en feroient leur unique étude.....

Ille quidem princeps ingenii et doctrinæ Plato, tum denique beatas respublicas putavit, si aut docti ac sapientes homines eas regere cæpissent, aut ii qui regerent, omne suum studium in doctrinâ ac sapientiâ collocassent..... Ad Q. fratr. I, ep. I, c. 10.

§. IV. Page 36.

On exige trois choses d'un sénateur: qu'il assiste aux assemblées, etc.

Huic (senatori) jussa tria sunt: ut adsit..... De legib. III, 18.

§. V. Page 36.

Les magistrats sont placés au-dessus du peuple, comme les lois sont placées au-dessus des magistrats.....

Ut magistratibus leges, ità populo præsunt magistratus...... De legib. III, 1.

§. VI. Page 37.

Plus on a de probité, moins on soupçonne les autres d'en manquer.....

Ut quisque est vir optimus, ità difficillime esse alios improbos suspicatur..... Ad Q. fratr. I, ep. 1, c. 24.

§. VII. Page 37.

Un des grands caractères que la nature ait imprimés à l'homme, c'est que la raison qui le distingue de tous les autres animaux, lui donne une idée exacte et vraie de l'ordre, de la décence et des convenances à garder dans les actions et dans les discours, etc.

Nec vero illa parva vis naturæ est rationisque, quod unum hoc animal sentit quid sit ordo, quid sit quod deceat, in factis dictisque qui modus..... Offic. I, 4.

§. VIII. Page 38.

Puisque la nature se contente de peu,

la profusion des mets qui couvrent nos tables, entraîne une dépense superflue....

Extenuantur magnificentia et sumptus epularum quod parvo cultu natura contenta sit..... Tuscul. V. 34.

§. IX. Page 39.

Je n'ai jamais regardé comme biens véritables ou désirables, ni les trésors, ni les palais, ni les grandes terres, ni les premières places du gouvernement, ni ces voluptés qui enlacent tant de personnes, etc.

Numquam mehercule ego neque pecunias istorum, neque tecta magnifica, neque opes, neque imperia, neque eas quibus maximè adstricti sunt, voluptates..... Parad. I, 2.

§. X. Page 42.

Une blessure que Spurius Carvilius avoit reçue en combattant pour la République, le faisoit boiter à un tel excès, qu'il avoit une sorte de honte à se montrer en public....

Sp. Carvilio graviter claudicanti ex vulnere ob Rempublicam accepto, et ob eam causam verecundanti inpublicum prodire..... De Orat. II, 61.

§. XI. Page 42.

Nous lisons dans les écrits de Caton, que Publius Scipion, celui qui le premier fut surnommé l'Africain, avoit coutume de dire, « que jamais il n'avoit plus d'affaires » que lorsqu'il étoit sans affaires, et n'étoit » moins seul que lorsqu'il étoit seul.....

Publium Scipionem, eum qui primus Africanus appellatus est, dicere solitum scripsit Cato, numquam se minus otiosum esse quam cum otiosus, nec minus solum quam cum solus esset..... Offic. III, 1.

§. XII. Page 43.

Il faut voir d'abord ce qu'on veut être et à quel genre de vie on se destine; rien de plus difficile à cet égard que de prendre un parti.....

In primis constituendum est quos nos et quales esse velimus, et in quo genere vitæ; quæ deliberatio est omnium difficillima..... Offic. I, 32.

§. XIII. Page 45.

Je vois que Philippe roi de Macédoine a fait moins de grandes choses et qu'il a moins acquis de gloire qu'Alexandre, mais que le père étoit, par son affabilité et son humanité, bien au-dessus de son fils.....

Philippum quidem Macedonum regem rebus gestis et gloriâ superatum a filio, facilitate et humanitate video superiorem fuisse..... Offic. I, 26.

§. XIV. Page 46.

Nous devons une sorte de respect aux hommes, non-seulement à ceux en qui brillent de grandes qualités, mais à tous sans distinction.....

Adhibenda est quædam reverentia adver-

sus homines, et optimi cujusque et reliquorum .... Offic. I, 28.

§. XV. Page 47.

Xercès, comblé de tous les dons de la fortune, Xercès qui se voyoit à la tête d'une armée formidable, qui couvroit toutes les mers de ses nombreuses flottes, et dont les trésors étoient inépuisables, n'étoit pas encore content......

Xercès quidem refertus omnibus præmiis donisque fortunæ non equitatu, non pedestribus copiis, non navium multitudine, non infinito pondere auri contentus..... Tuscul. V. 7.

§. XVI. Page 48.

Quel est ce vain étalage que vous faites de vos richesses? Etes-vous donc le seul homme opulent? Grands Dieux! je ne m'applaudirois pas d'avoir acquis.....

Quæ est ista in commemorandâ pecuniâ tuâ tam insolens ostentatio? Solus ne tu dives? Proh Dii immortales! Egone, etc.... Parad. VI, 1.

§. XVII. Page 51.

On demandoit à Thémistocle s'il marieroit sa fille à un homme pauvre, mais honnête, ou à un riche, mais peu considéré......

Themistocles cum consuleretur utrum bono viro, pauperi, an minus probato, diviti, filiam collocaret..... Offic., II, 20.

§. XVIII. Page 51.

Mettons dans cet entretien de la douceur et même des grâces, et tâchons d'imiter les véritables disciples de Socrate, qui excelloient de ce côté; sur-tout point d'entêtement.....

Sit hic sermo in quo Socratici maximè excellunt lenis minimeque pertinax; insit in eo lepos..... Ibid. I, 37.

§. XIX. Page 53.

Ce mot de Socrate, que le chemin le plus

sûr et le plus court pour arriver à la gloire est de s'étudier à devenir véritablement ce qu'on veut paroître, est plein de sens.....

Præclare Socrates hanc viam ad gloriam proximam et quasi compendiariam dicebat esse, si quis id ageret ut qualis haberi vellet, talis esset..... Offic. cap. 12.

§. XX. Page 54.

Un homme de l'île de Sériphe, qui avoit querelle avec Thémistocle, lui reprochoit de ne s'être point illustré par lui-même.....

Themistocles fertur Seriphio cuidam in jurgio respondisse, etc..... De Senectute, cap. 3.

§. XXI. Page 55.

C'est avec bien de la raison que Philippe, dans une lettre qu'il écrit à Alexandre son fils, lui reproche de chercher à s'attacher les Macédoniens à force d'argent.....

Præclare epistolâ quâdam Alexandrum

filium Philippus accusat, quod largitione benevolentiam Macedonum consectetur..... Offic. II, 15.

§. XXII. Page 55.

Parmi le petit nombre de délits que nos lois ont soumis à la peine de mort, elles ont rangé celui-ci : chanter ou composer, etc.....

Nostræ duodecim tabulæ cum perpaucas res capite sanxissent, in his hanc quoque sanciendam putaverunt, si quis occentavisset..... Frag. lib. VI, de Rep.

§. XXIII. Page 56.

Vouloir ce qui ne convient pas, est un grand malheur, etc.

Velle quod non deceat, id ipsum miserrimum est,.... Frag..... Hortens.

§. XXIV. Page 57.

Des auteurs dignes de foi nous apprennent

que Denis, qui à l'âge de vingt-cinq ans s'étoit emparé du pouvoir suprême à Syracuse, et qui exerça pendant trente-huit ans, une insupportable tyrannie dans une ville si magnifique et si opulente, étoit, etc.

Duodequadraginta annos tyrannus Syracusanorum fuit Dyonisius. cum V et XX natus annos dominatum occupavisset........ Tuscul. V, 20, 21.

§. XXV. Page 63.

Pompée avoit coutume de raconter, qu'à son retour de Syrie, il avoit passé par Rhodes et qu'il lui avoit pris envie d'entendre Posidonius.....

Solebat narrare Pompeius se cum Rhodum venisset decedens ex Syriâ, audire voluisse Posidonium..... Tuscul. II, 25.

§. XXVI. Page 65.

Combien trouve-t-on de philosophes dont les mœurs, dont la façon de penser

et

et la conduite soient subordonnées à la raison ?......

Quotus quisque philosophorum invenitur qui sit ita moratus, ità animo ac vitâ constitutus, ut ratio postulat...... Ibid. II, 4.

§. XXVII. Page 66.

Catilina avoit, non pas le fond, mais l'apparence des plus grandes qualités.....

Habuit (Catilina) permulta maximarum non expressa signa, sed adumbrata virtutum..... Orat. pro Cælio. cap. 5 et 6.

§. XXVIII. Page 69.

Se tromper est d'un homme, s'opiniâtrer dans son erreur est d'un fou.....

Cujusvis hominis est errare. Nullius nisi insipientis in errore perseverare..... Philipp. 12. cap. 2.

§. XXIX. Page 69.

Qu'est-ce que la liberté ? C'est le pouvoir de vivre comme on veut.

Quid est libertas? Potestas vivendi ut velis. Parad. V, 1.

§. XXX. Page 71.

C'est avec bien de la raison qu'on dit d'un homme en colère qu'il ne se possède plus.......

Iratos propriè dicimus exisse de potestate..... Tuscul. IV, 36.

§. XXXI. Page 72.

Un certain Hyppias étant venu à Olympie pour assister à ces jeux solemnels qui s'y célébroient tous les cinq ans, se vanta, etc.

Hyppias cum Olympiam venisset maximâ illâ quinquennali celebritate ludorum, gloriatus est, cunctâ pene audiente Græciâ, nihil esse, etc. De Orat. III, 32.

§. XXXII. Page 73.

Lucullus, chargé par le sénat de continuer la guerre contre Mithridate, surpassa non-seulement l'idée qu'on avoit de son mérite, mais il effaça la gloire de tous les généraux qui avant lui avoient eu la conduite de cette guerre.....

Ad Mithridaticum bellum missus Lucullus a senatu, non modo opinionem vicit omnium quæ de virtute ejus erat, sed etiam gloriam superiorum...... Academ. II, :.

§. XXXIII. Page 77.

Théophraste, au lit de la mort, reprochoit à la nature d'avoir accordé une longue vie aux cerfs et aux corneilles, auxquels cela importoit fort peu, et d'en avoir accordé une trop courte aux hommes, qui en auroient fait un si bon usage.....

Theophrastus moriens accusasse naturam dicitur quod cervis et cornicibus vitam diuturnam, etc. Tuscul. III, 28.

§. XXXIV. Page 77.

On hait l'ingrat parce que tout le monde regarde l'ingratitude comme portant préjudice à chaque individu, etc.

Fin de la Table du 3e. Volume.

OBSERVATIONS

Sur la Table des matières.

J'ai cru qu'il étoit d'autant plus nécessaire de faire une table des matières que dans un recueil de pensées rien ne se tient, qu'on passe à chaque instant d'une matière à une autre, et que pour aider la plupart des jeunes gens à retrouver certains faits, certains principes, certaines maximes qui les auront frappés, il convenoit de leur présenter le fil d'Ariadne.

Les chiffres romains indiquent le volume, et les chiffres arabes la page.

TABLE DES MATIÈRES.

A.

B.

C.

D.

E.

F.

G.

H.

I.

M.

Masinissa

P.

Q.

R.

S.

T.

U.

V.

FIN DE LA TABLE DES MATIÈRES.

Errata du troisième Volume.

Page 44, ligne 11, *ce que Xénophon raconte;* effacez *ce que.*

Page 48, ligne 2 et 3, effacez la phrâse *êtes-vous donc le seul homme opulent?*

Page 124, ligne 18, *des dix mille de Thucidide;* lisez *des dix mille et de Thucidide.*

Page 133, ligne 12, *quelque sorte;* lisez *en quelque sorte.*

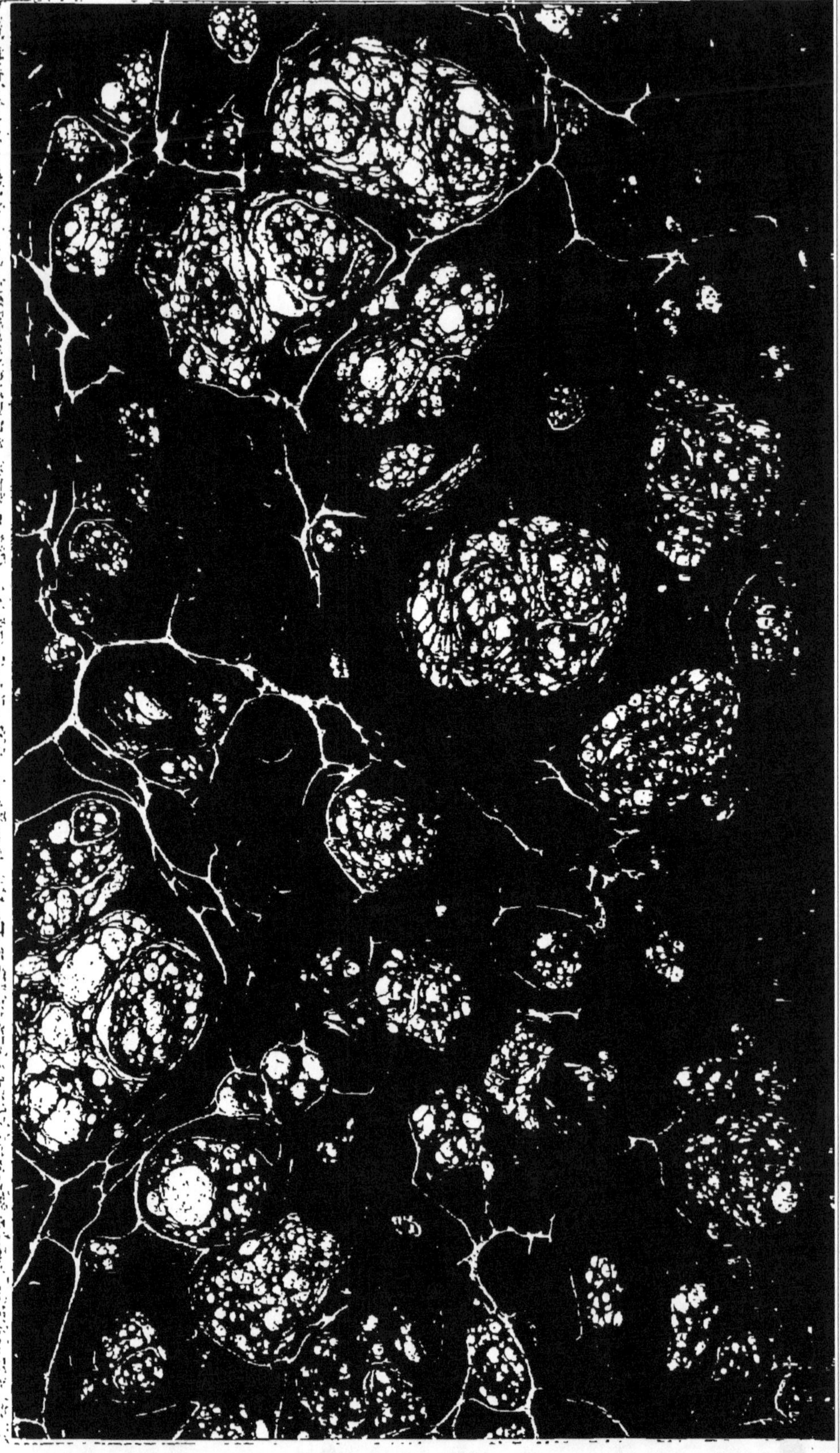

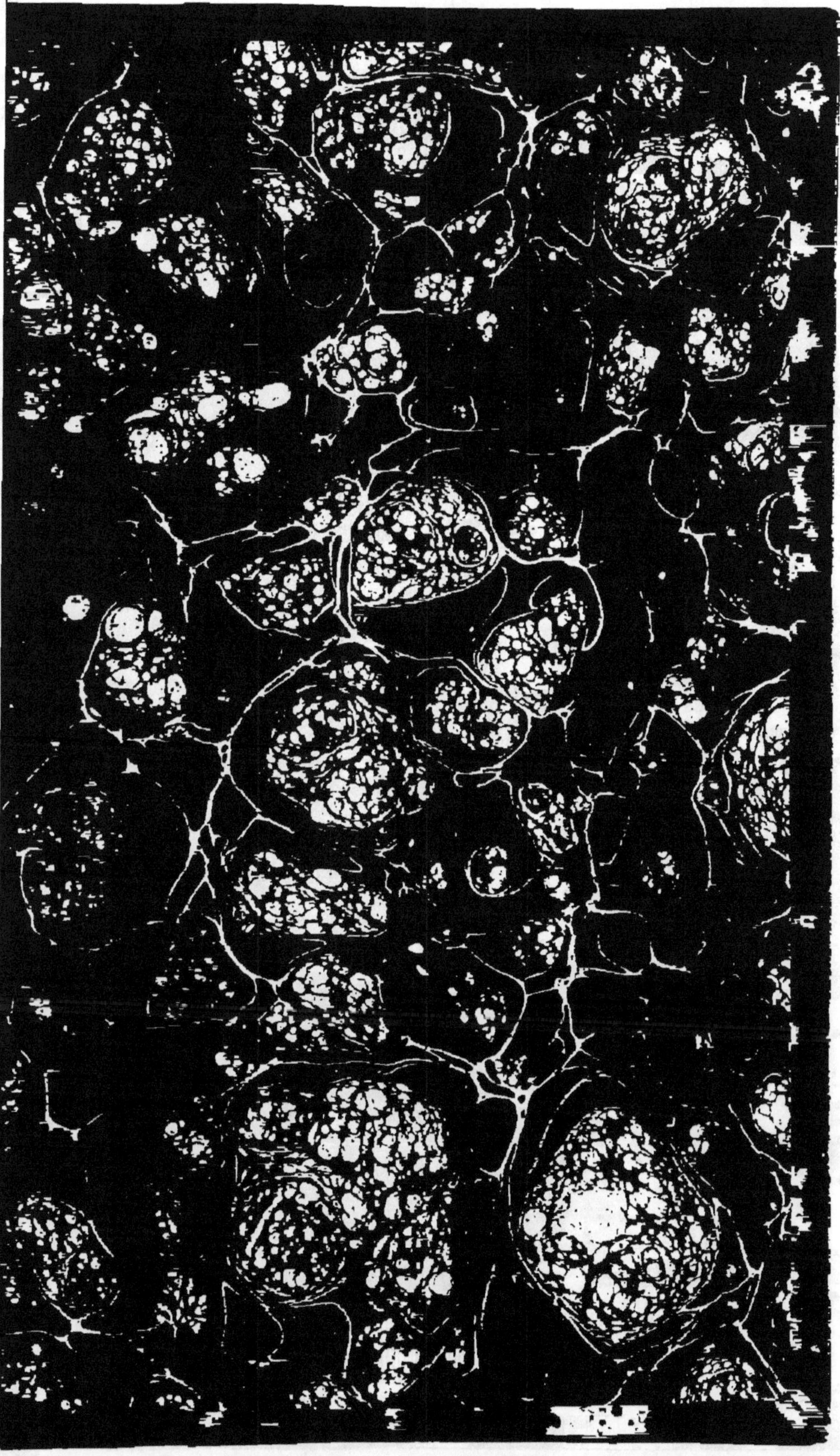

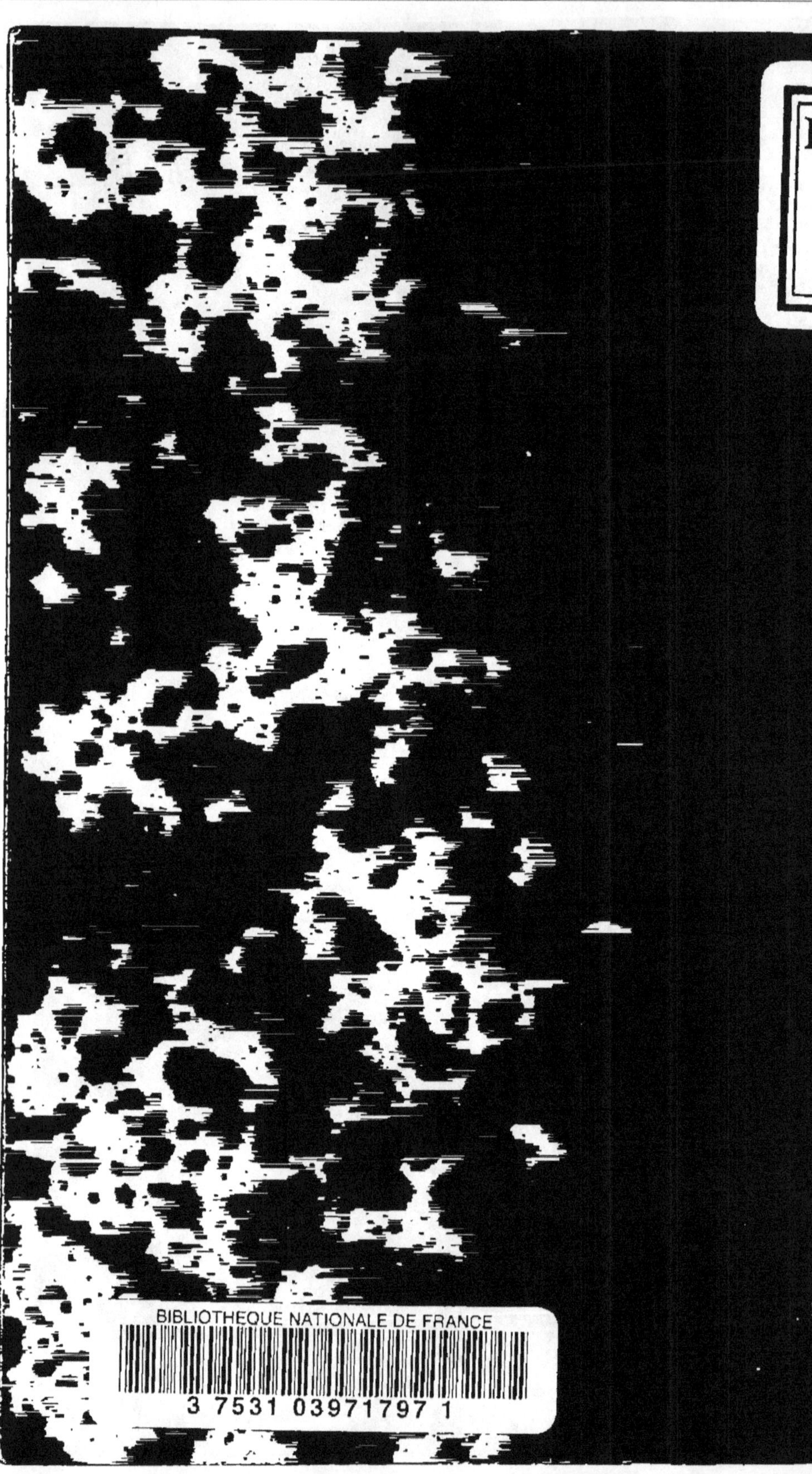
INV
X